10 remedios naturales
que pueden salvar su vida

10 remedios naturales que pueden salvar su vida

James F. Balch

Traducción de
Inés Belaustegui

PLAZA & JANÉS EDITORES, S.A.

Título original: *10 Natural Remedies that can save your Life*

Primera edición en U.S.A.: mayo, 2000

© 1999, James F. Balch, M. D. Publicado por acuerdo
   con Doubleday, una división de Doubleday Broadway
   Publishing Group, una división de Random House, Inc.
© de la traducción: Inés Belaustegui
© 2000, Plaza & Janés Editores, S. A.
   Travessera de Gràcia, 47-49. 08021 Barcelona

Printed in Spain – Impreso en España

ISBN: 0-553-06121-6

Fotocomposición: Fort, S. A.

Impreso en Limpergraf
Mogoda, 29. Barberà del Vallès (Barcelona)

Distributed by B.D.D.

CONTENIDO

AGRADECIMIENTOS

Son muchas las personas a las que debo mi gratitud y sin las que este proyecto nunca habría visto la luz.

Doy las gracias de todo corazón a mi bella esposa, la doctora Robin Young-Balch, por su firme apoyo y comprensión; a mi colega Ted Schwarz, por sus interminables horas de trabajo y entrega; a mi agente, Kevin, por servir de intermediario con Doubleday. Mi agradecimiento sincero a Jennifer Griffin, Patricia Mucahy y muchas otras personas de Doubleday que con tanta paciencia me han ayudado durante todo el proyecto; a mi asistente legal, Eva Martin; pero más que a nadie le doy las gracias a usted, querido lector, querida lectora, por cuidar su salud e interesarse por la medicina alternativa, que tanto contribuye a mejorar la calidad de nuestra vida.

INTRODUCCIÓN

Nunca he entendido el conflicto existente entre los médicos que buscan remedios naturales para sus pacientes y los miembros de la industria farmacéutica. Durante miles de años los habitantes de todas las naciones han utilizado los recursos que les proporcionaba su entorno para conservar la salud. Encontraban alimento en los árboles, en los arbustos y en la tierra, y combinaban el ejercicio con una dieta sana. Se fijaban en cómo se sentían al beber las diferentes infusiones que preparaban con las plantas que tenían a su alcance. Aprendían a cazar y luego cocinaban la carne del modo que más parecía beneficiarles. Buscaban agua potable fresca y limpia.

Cuando alguien sufría un accidente se recurría a formas de curación más activas. Cuando un hombre era atacado por un animal, se rompía un brazo o una pierna a causa de una caída, o se cortaba con alguna roca o con las ramas de un árbol, se aplicaban unos métodos que llevaron a lo que hoy conocemos como cirugía. De hecho la mayoría de los procedimientos quirúrgicos utilizados en Estados Unidos hasta 1950 aproximadamente, es decir, hasta hace sólo medio siglo, eran los mismos que se practicaban en Roma en la primera centuria de la era cristiana. La principal diferencia es que los romanos ignoraban la existencia de gérmenes y métodos antisépticos. El concepto de antisepsis no apareció hasta el siglo XIX, y se debió a Joseph Lister. Sin embargo, durante casi 1.800 años se practicó la cirugía compleja sin apenas cambios.

¿Cuál era el resultado? Que la gente tenía una vida larga y sana. En algunas culturas, como la diné, a la que nosotros llamamos navajo, se consideraba que morir a una edad temprana era una afrenta. La persona fallecida o bien un miembro de la familia habían fracasado a ojos del Gran Espíritu y, por tanto, no se le aplicaba el rito de limpieza. Tener una vida larga y productiva era algo natural y se lograba sin recurrir a medicamentos, organizaciones para preservar la salud ni planes privados de seguros. En lugar de eso, en el pasado se confiaba en la aplicación científica de remedios naturales.

Cuando me hice médico acepté el juramento hipocrático. Mucha gente considera a Hipócrates el primer médico, lo que no es cierto. Por lo que sabemos, ese honor corresponde a un egipcio que vivió muchos siglos antes. En realidad, Hipócrates fue el primer diagnosticador. A las personas que se sentían enfermas les aconsejaba que se tumbaran en la calle, junto al mercado, y que explicaran sus síntomas a los transeúntes, con la esperanza de que alguien que hubiera padecido el mismo problema les dijera qué tratamiento le había funcionado mejor. Después se escribía el tratamiento para compartirlo con todos los médicos y pacientes. Así se aplicaron terapias eficaces de manera reiterada, y los médicos fueron capaces de determinar el método que debía seguirse para devolver la salud a cada paciente.

En definitiva, Hipócrates mejoró el cuidado médico mediante la compilación de un sistema de conocimientos compartidos para el bien del público. Asimismo estableció los límites éticos de los médicos, límites que no siempre respetan los fabricantes de medicamentos de hoy día. Una parte del juramento reza: «Lo primero, no hacer daño.» Aunque la industria farmacéutica no pretende hacer daño, la prueba definitiva de cada fármaco es su aplicación a los enfermos más graves o a pacientes en un entorno controlado. Unas vacunas nuevas que se administraron a miembros del ejército sin que antes se hubieran probado provocaron al síndrome de la guerra del Golfo, una reacción que dejó sin efecto las inyecciones protectoras que habían recibido antes de partir hacia Oriente Próximo. Los medicamentos antirrechazo se prueban en los pacientes inmediatamente después de realizarles un trasplante, aunque las posibles complicaciones obliguen a veces a recurrir a fármacos ya conocidos. Cada nuevo producto comporta el riesgo de la pérdida de una vida humana; nadie desea que el paciente muera, pero se acepta que se producirán algunas bajas. Ésta es una consideración que no se plantea cuando se utilizan adecuadamente los remedios naturales.

La llamada «gente primitiva» aprendía en gran parte del mismo modo que Hipócrates. Los nativos norteamericanos observaban que si se cortaban y no lograban detener la hemorragia conseguían una rápida coagulación mediante la aplicación de telas de araña. Si sufrían dolor de cabeza, lo aplacaban bebiendo té de corteza de sauce. Estos métodos eran científicos, aunque en aquella época no se empleara ese término y la validez de su ciencia pocas veces se reconozca hoy. La gente siempre se ha servido de la observación, la experimentación y el análisis de los datos reunidos para ayudarse unos a otros.

Ha sido en los últimos cien años cuando los científicos han comenzado a buscar medios para comprender y controlar el mundo. Así, por ejemplo, quisieron averiguar por qué la corteza del sauce aplacaba el dolor y, al descubrir la razón, aislaron el ácido salicílico, una variante del ingrediente de la aspirina, que se ha convertido en el analgésico más consumido en Estados Unidos. Se localizó y aisló la propiedad coagulante de las telas de araña. Se descubrieron las vitaminas. Los nutrientes. Las enzimas. Los científicos estudiaron los remedios naturales y consiguieron adivinar por qué funcionaban. Una vez dado el primer paso hacia el control del proceso de la curación, surgió el gran negocio. ¿Por qué no crear de modo artificial las propiedades encontradas en la Naturaleza, empaquetarlas y pedir por ellas sumas exorbitantes? ¿Por qué no organizar una campaña para desacreditar los «remedios populares»? ¿Por qué no suscitar en la gente la necesidad de tomar píldoras y elixires para que olviden los remedios que en el pasado les garantizaban una buena salud de forma natural? De esa manera todo el mundo pagará elevadas sumas de dinero por sus medicamentos y se preocupará más por conseguir beneficios sanitarios que por sentirse satisfecho con su empleo o por tener una vida enriquecedora.

¿Le suena extraño todo esto? Pues es justo lo que ha ocurrido. Por ejemplo, hubo un tiempo en que la mala salud se limitaba casi en exclusiva a los ricos. Ciertamente había enfermedades que hacían estragos en poblaciones enteras. La peste, traída por las ratas, se propagó por muchas zonas con alta densidad de población. La gripe causó numerosas muertes en las áreas urbanas de Estados Unidos en los años treinta. Sin embargo, en el pasado la mayoría de las enfermedades que hoy son comunes afectaban casi en exclusiva a los ricos. Uno de los males que más aquejan a los estadounidenses es la depresión, que obliga a quienes la sufren a buscar ayuda médica. Pues bien, esta afección está provocada en gran medida por tres factores: la falta de luz de espectro completo (luz del día u otra equivalente); una dieta rica en azúcar, y la ausencia de una o más personas queridas con quienes formar una comunidad que ayude al desarrollo propio.

En el pasado la gente pasaba la mayor parte de la jornada en el exterior, a la luz del día. Los campesinos y los braceros trabajaban en granjas, cuidando de los animales, construyendo casas, cavando caminos. Los tenderos, los oficinistas y los comerciantes caminaban mucho o usaban caballos. Sólo los ricos permanecían en el interior de sus casas. Las mujeres creían que su piel era más hermosa si no recibía los rayos del sol. Sus depresiones y sus extraños cambios de humor se aceptaban como una característica femenina. Al fin y al cabo, eran el «sexo débil». ¿Y las campesinas, tan sanas, robustas, activas y productivas? Ellas eran diferentes, en cierto modo inferiores.

Esta actitud llegó a convertirse en objeto de bromas, como lo demuestra la siguiente anécdota, que fue muy popular poco después de la Segunda Guerra Mundial, es decir, en una época en que la conciencia de clase estaba en pleno apogeo. Un hombre vio que una matrona adinerada llevaba a un niño en brazos cada día y lo subía a un lujoso coche. El chófer colocaba al pequeño en el asiento, lo llevaba a donde tuviera que ir, lo sacaba en brazos y lo entraba en el edificio. Después de observar durante varios días que este hecho se repetía con regularidad, el hombre se acercó a la matrona y le preguntó: «Señora, ¿es que su niño no puede caminar?» La mujer se volvió con arrogancia y le contestó: «Claro que puede pero, gracias a Dios, no tiene por qué hacerlo.»

¿Raro? No cuando se analizan las estadísticas de mortandad entre la clase alta en este siglo. Hubo un tiempo en que una media de vida de cincuenta años era normal, y la muerte estaba causada en gran medida por la obesidad, el cáncer de pulmón y los infartos; todos consecuencia de una vida sedentaria, el tabaco y malos hábitos alimentarios.

Otro factor que contribuyó a la mala salud de los ricos fue el descubrimiento y consumo del pan blanco. En la época en que se creó el pan blanco existían pocas diferencias entre los ricos y los pobres, aparte de los grandes castillos y las casas solariegas, las ropas elegantes y la riqueza. No había coches que comprar, ni electrodomésticos sofisticados ni caros juguetes electrónicos para divertirse. En consecuencia, la diferencia solía residir sobre todo en los placeres de los sentidos: desde múltiples esposas hasta alimentos exóticos importados. Entre estas comidas especiales que se servían a la realeza se encontraba el recién descubierto pan blanco.

El pan blanco era, y es, pésimo para la salud, ya que carece de muchos de los nutrientes esenciales que se encuentran en el elaborado con harina integral que comían los campesinos. Además era caro, por lo que se convirtió en un símbolo, a pesar de su escaso valor nutritivo. Por desgracia, cuando el pueblo llano tuvo noticia de que los ricos comían pan blanco, consideraron el pan negro un signo de su estatus de clase inferior. De modo que, cuando bajó el precio de aquél, se convirtió en el preferido por todos. El pan blanco fue el gran igualador social.

El azúcar refinado se introdujo en la alimentación de las clases adineradas de la misma manera. Existían numerosos edulcorantes naturales y saludables que los campesinos utilizaban en diferentes partes del mundo; provenían de zanahorias troceadas, pasas o alguna fruta dulce. El azúcar refinado era para los ricos, pero nadie veía en él la causa de los tremendos cambios de humor que experimentaban. Ahora sabemos que una dieta rica en azúcar puede provocar depresión, además de hipoglucemia y diabetes. Muchas personas depresivas han descubierto que sólo eliminando gran parte del azúcar que ingieren consiguen una sensación de auténtico bienestar.

La dieta de la realeza se basaba sobre todo en la carne; para ellos las frutas y las verduras eran secundarias. Los campesinos, que no podían permitirse comer carne y no tenían autorización para cazar en las propiedades de los ricos, consumían fundamentalmente pescado, además de las frutas y verduras que no vendían en el mercado. El resultado era que los ricos, al no ingerir el abanico completo de los nutrientes necesarios para una buena salud, padecían malnutrición. Incluso los idealizados retratos de los emperadores griegos esculpidos en las monedas antiguas muestran con toda claridad que sufrían enfermedades como la gota.

Los ricos y poderosos no eran tontos. Se daban cuenta de que no eran tan fuertes ni despiertos ni tenían tanto aguante como la clase campesina, pero lo justificaban pensando que los pobres eran como bestias de carga. Los campesinos habían nacido para hacer trabajos físicos y luchar en las guerras, eran como el ganado, y el parecido físico entre todos los hombres y mujeres, sin importar el origen social, no era más que una coincidencia.

La tercera causa de depresión es más reciente. Los humanos necesitan formar parte de una comunidad. El primer hombre, Adán, fue infeliz hasta que apareció Eva. Algunos estudios han revelado que los ancianos que viven solos, bien por viudedad o porque son «solitarios», mueren a los tres años de su jubilación. Desarrollan una depresión y pierden las ganas de vivir después de haber pasado tanto tiempo en la comunidad de su trabajo. Puede que no les gustaran sus empleos y estuvieran deseando retirarse, pero la interacción social a que les obligaba su actividad laboral, ya fuera en la cadena de montaje o en los cuadros de mando, les garantizaba una estabilidad emocional que contribuía a su bienestar.

Otros estudios han demostrado que los individuos más sanos son los que pertenecen a organizaciones religiosas participativas, grupos fraternales o clubes deportivos. Estar casado o vivir con otra persona reduce la gravedad de una depresión o bien la elimina por completo. Lo que conduce a una depresión grave y a la muerte es el aislamiento físico o emocional.

Esta causa de la depresión es un producto de nuestros tiempos. No constituía un problema en el pasado, a diferencia de las otras dos causas de depresión entre los ricos.

Por desgracia hemos aprendido a igualar nuestras diferencias. Nuestro modo de vida es poco saludable, y los fabricantes de medicamentos que se benefician de nuestras absurdas nociones no van a modificarlo.

Por ejemplo, echemos un vistazo al típico empleado de oficina «preocupado por su salud». En primer lugar está su ambiente de trabajo, un cubículo, iluminado con bombillas de tungsteno o fluorescentes (de espectro limitado); éste es el medio habitual para millones de personas. Tal vez parezca que las fábricas son amplios espacios abiertos, muchas veces con claraboyas en el techo, pero impiden la exposición a la luz del día. Incluso los afortunados que pueden sentarse junto a una ventana no gozan de los beneficios de la luz del sol porque el cristal provoca que sea más difusa.

Son excepcionales los trabajadores que han reemplazado los fluorescentes por bombillas que proporcionan luz de espectro completo, equivalente a la natural. Suelen venderse en invernaderos porque son muy útiles para el crecimiento de plantas de exterior en espacios cerrados. También se recomiendan a personas que padecen desequilibrios emocionales estacionales (DEE). Generalmente los afectados por los DEE viven en regiones con inviernos de largas noches y cortos períodos de luz. La depresión provocada por la oscuridad prolongada puede aliviarse mediante el uso de luces de espectro completo, pero los DEE son una versión extrema de lo que todos experimentamos si no hacemos un esfuerzo por exponernos a la luz del día.

A la depresión causada por la falta de luz de espectro completo en los entornos de trabajo se añade el empleo de ordenadores, tanto en la actividad laboral como en el tiempo libre. En lugar de dar un paseo para relajarse, mucha gente prefiere sentarse delante de la televisión o el ordenador. Navegando por Internet y entreteniéndonos con juegos electrónicos, que se han convertido en las formas de «relajación» más populares, fomentamos la depresión y la ansiedad.

Incluso la tecnología portátil crea problemas. En un estudio reciente de la Universidad de Neurología Clínica de Friburgo (Alemania) se ha descubierto que los teléfonos móviles afectan a la presión arterial. Sus resultados, publicados en el ejemplar del 20 de junio de 1998 de la prestigiosa revista médica *Lancet*, ponían de manifiesto que la presión arterial se eleva de 5 a 10 milímetros cuando utilizamos un teléfono móvil. Dado que muchos de los usuarios de estos aparatos son gentes del mundo de los negocios o de otros que provocan un alto grado de estrés, si combinamos la tensión psicológica con los cambios físicos producidos por el campo electromagnético del teléfono móvil, se crea una situación perjudicial para la salud. Y todo esto se complica cuando esas personas toman medicamentos en lugar de modificar su estilo de vida. Los fármacos contienen un factor de estrés bioquímico que acentúa aún más el problema que supuestamente deberían corregir. No es más que otra crisis creada por nuestra «avanzada» civilización.

Respecto a todo esto, nos engañamos a nosotros mismos. Los gimnasios y clubes deportivos baten récords de afiliación, y sus miembros proporcionan grandes beneficios con los que cuentan estas organizaciones. Sin embargo, dado que las actividades se realizan en el interior de los edificios, nos negamos el valor esencial derivado del ejercicio al aire libre.

Añada a lo anterior el hecho de que los nuevos edificios, al igual que muchos de los que se restauran, están diseñados para un óptimo consumo de energía, lo que exige a menudo que las ventanas se sellen y el aire no se recicle convenientemente, por lo que puede contener bacterias, esporas y sustancias alérgenas.

Sume a esto los alimentos procesados, los platos preparados con alto contenido en grasas, e incluso la proliferación de algunos productos como la grasa artificial utilizada en ciertos aperitivos recién inventados, y tiene en sus manos una receta para la enfermedad. Por una cuestión de comodidad, importamos frutas y verduras en lugar de obtenerlas de nuestras granjas y huertos, con lo que nuestra salud empeora. Los huertos caseros y las granjas cercanas nos permiten obtener productos que no han sufrido deterioro alguno por causa de un largo viaje en barco. Además, no contienen aditivos y, si prestamos atención, antes de comprarlos podemos asegurarnos de que se han cultivado con métodos orgánicos.

La «buena vida» que tratamos de llevar nos amenaza con los peligros ocultos de la comodidad. Cada día coqueteamos con la mala salud.

Otro asunto es el del agua que bebemos. En todos los países existen problemas: productos contaminantes que se filtran en el suelo, vertidos venenosos ilegales (aunque a veces también al amparo de la ley) a las vías fluviales, depósitos con elevado componente mineral como la cal. Incluso el agua potable y limpia que usamos en las ciudades puede estar contaminada. En las grandes urbes como Nueva York se utilizan cañerías de cobre para transportarla desde las plantas de tratamiento y filtración hasta las viviendas. Sin duda se somete a toda clase de tests de pureza, pero incluso la mejor agua, si es conducida por estas tuberías, puede ser una fuente de problemas. ¿Por qué? Con el paso del tiempo las cañerías de cobre desprenden pequeñas cantidades del metal que se queda en el líquido que luego beberemos.

El cobre no es peligroso en sí —de hecho forma parte de muchos comprimidos de vitaminas—, pero sólo es esencial en cantidades muy pequeñas. Cuando su consumo aumenta debido a los pequeños restos que quedan en el agua que bebemos, puede desencadenar una depresión. Entonces es probable que busquemos tratamiento médico. Y ¿qué hará el típico médico guiado sólo por su afán de administrar medicamentos? En lugar de pedirle una descripción detallada de su entorno, de las cañerías de la casa, de su exposición al sol y cosas así, a buen seguro le recetará algún psicofármaco como el Prozac. Quizá este tratamiento le ayude a sentirse mejor, pero si no examina el agua que bebe, el tiempo que pasa bajo una luz de espectro completo, su entorno de trabajo o la composición de su dieta, la depresión puede convertirse en un problema crónico. Se considerará enfermo emocional o físicamente, y eso contribuirá a su abatimiento.

¿QUÉ PASA CON NUESTROS MÉDICOS?

Es raro el caso de un médico que quiera perjudicar a sus pacientes, por supuesto. Nosotros, los médicos, siempre pretendemos proporcionar a nuestros pacientes los mejores cuidados. Sin embargo, no nos damos cuenta del obstáculo que representan las compañías farmacéuticas.

Los fabricantes de fármacos controlan desde hace tiempo el contenido de las revistas médicas y los seminarios que a menudo se ofrecen en las convenciones. Las revistas sobreviven gracias al dinero que estas compañías destinan a publicidad. Como resultado, durante muchos años las publicaciones médicas se negaban a incluir artículos que propusieran alternativas a los medicamentos, en especial si trataban sobre los suplementos nutricionales. Por este motivo cuando el inventor del Valium, que fue el tranquilizante más recetado en Estados Unidos durante una época, descubrió que ciertos complejos de la vitamina B procuraban el mismo beneficio que el fármaco por él creado pero sin riesgo de efectos secundarios o de adicción, sólo una revista internacional menor con una tirada de quizá 5.000 ejemplares recogió la información. Las demás hicieron caso omiso de ella porque la compañía que elaboraba el Valium era uno de los anunciantes más importantes en esas publicaciones.

Las facultades de medicina obtienen millones de dólares en forma de becas de investigación provenientes de compañías farmacéuticas, pero muy poco dinero de empresas de alimentos sanos o de lo que podría llamarse el «agrinegocio». No reciben incentivos por incluir cursos sobre nutrición en su programa de estudios. De hecho, la medicina permanece en un estadio muy similar al de la época en que Hipócrates estudiaba sólo las técnicas para ayudar a los enfermos o heridos. No investigaba métodos para conseguir que la gente sana preservara su salud y no se viera en la necesidad de acudir a ningún médico.

Los profesionales que practican la medicina tradicional forman un colectivo muy fuerte. Los hospitales pagan salarios elevados al personal de emergencia. Por el contrario, destinan muy poco dinero o nada en absoluto a información y apoyo a la comunidad para prevenir los problemas de salud.

Las facultades de medicina rara vez organizan cursos sobre técnicas de prevención. Los hospitales y otros centros sanitarios se han convertido en entes burocráticos cuyo personal debe seguir unos procedimientos determinados para evitar que los pacientes presenten demandas. Es decir, se realizan chequeos básicos, se dispensa medicación, se aconsejan cambios de alimentación después de diagnosticar una enfermedad, se ofrece cirugía, etcétera. Por su parte, las compañías de seguros no dan dinero a los hospitales para que atiendan a una comunidad de personas con tan buena salud que casi nunca necesitan servicios médicos.

En Estados Unidos se publica la denominada *Physician's Desk Reference* (PDR), una compilación anual de información sobre productos farmacéuticos que facilitan los propios fabricantes. De hecho, los datos que en ella se aportan son similares a los que aparecen en los prospectos que acompañan a los medicamentos una vez comercializados. Sin embargo, a diferencia de la información que recibe el profesional, en la PDR se omiten o no se concede importancia a datos que pueden conducir a un uso erróneo. Ni el editor ni los compiladores tienen la culpa. Lo que ocurre es que las compañías fabricantes ejercen un fuerte control sobre la información de sus productos.

Del mismo modo, cuando los médicos obtienen muestras de los representantes comerciales (o sea, de hombres y mujeres que venden al por menor), son aconsejados acerca del tratamiento de una determinada enfermedad por personas que por propio interés han de confiar en los medicamentos.

El problema se complica porque ahora las compañías farmacéuticas se anuncian directamente ante los consumidores. Hay anuncios de medicinas contra afecciones del corazón, artritis y otros males comunes en revistas de tirada nacional, en los principales periódicos, en la televisión y en la radio. Estos anuncios le indican que pida el producto a su médico. Conducen su pensamiento y le dicen qué debe pedir. Como resultado, la mayoría de los médicos ni se plantea recurrir a los remedios naturales, bien porque no los conocen, bien porque sus pacientes les reclaman otros productos.

LOS REMEDIOS NATURALES

Me gustaría decir que existe una única receta natural perfecta para todo el mundo. Me gustaría ofrecerle una fórmula para que viva usted con el máximo bienestar. Por desgracia me es imposible.

Si su empleo, gracias al cual subsisten usted y su familia, le obliga a pasar muchas horas frente a un ordenador, sería poco realista proponerle que trabajara al aire libre. En todo caso sí podría comprar una lámpara de mesa que le proporcionara luz de espectro completo, pero la mayoría de la gente no lo hace. Así pues, probablemente tendrá que resignarse a las bombillas de tungsteno o los típicos fluorescentes y disfrutar de una iluminación más adecuada cuando esté en su hogar. (De hecho, si trabaja en casa, podría cambiar todas las bombillas de su vivienda.)

Puede prepararse comidas sanas adquiriendo los productos más frescos de que disponga su supermercado, pero incluso esos alimentos han recorrido largas distancias en camiones de distribución. A menudo transcurren tres días o más desde que las frutas y verduras «frescas» se recolectaron. En ocasiones se han tratado con gases para acelerar su maduración, o se les ha dado una capa de cera para que tengan mejor aspecto, o han sufrido otra clase de alteración. Estudios de la Universidad de Chicago y otras instituciones demuestran que, por mucha atención que se preste a la seguridad de la fruta tratada, cuanto más tiempo pasa fuera del suelo, menos nutrientes conserva. El valor alimenticio de un tomate comprado en una verdulería es con diferencia mucho menor que el de uno recogido de su propio huerto o de una granja.

Asusta también reconocer que, si usted confía en la medicina moderna para tratar problemas de depresión o estrés, puede estar creando una situación lesiva. Todos los fármacos comportan riesgos para ciertas personas. Un medicamento que puede provocarme una reacción alérgica de tal intensidad que ponga en peligro mi vida tal vez a usted le resulta esencial para recuperarse de una grave enfermedad. ¿Por qué? Quizá yo reacciono a la cápsula que envuelve el medicamento y usted no. Pero ninguno de los dos lo sabrá hasta que lo tome, y entonces quizá sea demasiado tarde para mí, que soy el que tiene la reacción alérgica. Podría enfermar de gravedad, quedar inválido o incluso morir.

Para complicar aún más las cosas a quienes buscan alternativas, las pruebas que se realizan a los remedios naturales no siempre proporcionan datos exactos. En la medicina farmacéutica moderna, para conocer la eficacia de un antibiótico se coloca cierta dosis en una placa de Petri que contiene una cantidad determinada de bacterias. Las bacterias mueren o no. Éste puede ser un test apropiado para un antibiótico, pero no nos dice nada acerca de la mucho más complicada química del cuerpo humano, la auténtica placa de Petri en que se prueban los remedios. Los remedios naturales no son pociones mágicas que fulminan a los elementos nocivos; participan en una potente reacción bioquímica en el interior del organismo, donde crean respuestas antibióticas, fortalecen el sistema inmunitario y alteran el cuerpo de una manera que no hacen los medicamentos. Sin embargo no funcionan solos, algo que los tests farmacéuticos exigen a sus productos.

Esto no significa que no puedan llevarse a cabo experimentos, sino sólo que son complejos. Por ejemplo, algunos estudios recientes indican que ciertas formas de artritis reumatoide pueden tratarse con éxito realizando ciertos ejercicios, utilizando calor para paliar el dolor de las articulaciones y siguiendo una dieta rica en vitamina B. Sin embargo, ninguna de estas tres cosas, probadas por separado, produciría un efecto beneficioso. En cambio, cuando se aplican juntas llegan a modificar la química del cuerpo, y su eficacia queda demostrada cuando se efectúan pruebas sanguíneas al cabo de un tiempo.

Por suerte, cada vez se comprende y acepta más el potencial de la medicina natural. Médicos como yo, nutricionistas, biólogos y otros científicos han dejado de considerar los remedios no farmacéuticos algo anticuado o sospechoso.

Por el contrario, cada vez es mayor el número de médicos

que, horrorizados por los efectos secundarios de los fármacos, sus peligrosas interacciones y las reacciones alérgicas, recurren a los remedios naturales. Sirviéndose de la investigación científica contemporánea, descubren qué propiedades de los diversos remedios tienen más posibilidades de funcionar en sus pacientes. Analizan el modo de vida de éstos para ver si con una ligera modificación puede conseguirse un cambio considerable en su salud. Y así mejoran su calidad de vida.

Mientras preparaba este libro me planteé cuáles son los problemas de salud que más preocupan y evalué los remedios naturales que pueden utilizarse para mejorar la calidad de vida. Cuando finalicé mi trabajo me di cuenta de que existen diez remedios naturales que literalmente pueden salvarle la vida. Afectan a los sistemas cardiovascular, inmunológico y linfático, así como al equilibrio hormonal y en general al resto del organismo. Todos ellos han sido probados científicamente y la comunidad médica conoce bien su acción. No tienen efectos secundarios, lo que significa que usted no sufrirá la maldición de los fármacos: la enfermedad iatrogénica (enfermedad causada por el doctor o por el tratamiento).

Si le preocupa convertirse en su propio médico al adoptar algunas de las sugerencias de este libro, le ruego que las comente con su doctor. Si está familiarizado con algunos de los remedios naturales que a continuación expondré, sin duda le satisfará ver que usted se interesa por alternativas seguras a muchos fármacos. Si no es así, podrá determinar que estos remedios no le crearán ningún problema. En cualquier caso, ambos podrán descubrir un camino seguro que le permitirá disfrutar de una calidad de vida que, de otro modo, jamás tendría.

1

ESCUCHE
SU CUERPO

Antes de presentarle los diez remedios naturales que pueden salvarle la vida es importante que tenga unos conocimientos básicos sobre su salud. De todos modos ha de tener presente que, aunque soy médico, con formación en biología, anatomía, bioquímica y otras ciencias relacionadas; aunque proseguí mi formación una vez titulado y he asistido a cursos de especialización como parte de mi formación continua; aunque leo numerosas revistas médicas y conozco términos científicos que pocas personas son capaces de pronunciar y todavía menos de definir; aun así, por lo que se refiere a su cuerpo, sabe usted mucho más que yo. Y que cualquier médico.

Usted sabe más acerca de su cuerpo que su médico de cabecera, el personal del hospital que le atiende, el agente encargado de revisar su contrato con la compañía de asistencia médica o cualquier otra persona. Desde su nacimiento se ha habituado a las peculiaridades de su salud y sus sensaciones, algo que nadie más puede hacer.

¿Recuerda que cuando era pequeño experimentaba sin cesar con todo cuanto le rodeaba? Tocaba esto, examinaba aquello, se llevaba a la boca lo de más allá, para ver cómo era. Con sus sentidos exploraba su entorno y aprendía qué elementos producían frío o calor, qué cosas desprendían aromas agradables u olores pestilentes, qué experiencias le causaban placer o dolor. Aprendió a controlar la vejiga y el intestino. Aprendió qué eran el hambre, la sed y el agotamiento. Aprendió qué significa sentirse bien o estar enfermo. La vida diaria era una cadena de experimentos científicos que le enseñaron a conocerse a sí mismo y el mundo que le circundaba.

Por lo general ningún padre considera que este proceso de aprendizaje natural sea esencial para la vida adulta de su hijo. Probablemente los suyos, como la mayoría de los adultos, se enojaban al ver que se manchaba. «¡No te lleves eso a la boca!», exclamaban. «¡Es una guarrería!» «¡No toques eso! Te vas a hacer daño.»

De este modo le ayudaban a descubrir las causas y los efectos, y asimismo le enseñaban sencillos remedios para cualquier molestia, aunque no fueran conscientes de ello. «¡Si estás tan cansado que no puedes tener los ojos abiertos, acuéstate!» «Date un baño caliente para relajarte; te sentirás mejor.» «Pues claro que te sientes fatal. Has estado demasiado tiempo al sol sin gorra. Bebe un vaso de agua fría y siéntate un rato a la sombra.» «¿Cómo puedes estar cansado si llevas todo el día sentado? Sal a jugar. Volverás con más energía.» «Bébete la leche. Es buena para que se fortalezcan los huesos. Quieres ponerte fuerte, ¿verdad?»

Ahora ya es adulto y, aunque sabe mucho acerca de su salud, quizá no es consciente de ello. Ya no vive con sus padres, pero probablemente los ha sustituido por otras figuras de autoridad. Sin embargo, ellos siempre querían lo mejor para usted, mientras que las nuevas autoridades (las compañías farmacéuticas, las agencias de publicidad e incluso los aspectos más mercantiles de la medicina) se centran en sus propios intereses.

El negocio de la medicina, compuesto por fabricantes y traficantes de pastillas, hombres y mujeres cuyo trabajo existe sólo porque usted necesita sus cuidados, no obtiene beneficios si usted se encuentra bien. Lo cierto es que no todos ellos piensan de este modo, pues el sistema cuenta con muchos profesionales atentos y dedicados. Son los comerciantes, es decir, aquellos que estudian los balances de pérdidas y ganancias, quienes saben que, si usted disfrutara de buena salud, tendrían que buscar otro empleo. Estas personas, guiadas sólo por la lógica del beneficio económico, pretenden animarle a enmascarar sus síntomas, a resistirse a la curación y a sustituir el bienestar por los fármacos. Si usted toma una píldora para luchar contra una depresión y eso le hace sentir mejor, consumirá más en las próximas semanas. Sin embargo, si deja de sentirse deprimido sin tener que recurrir a los medicamentos, ni las compañías farmacéuticas ni quienes practican la medicina obtendrán un centavo de su dinero. Por eso le pido que, antes de leer lo que explicaré sobre los remedios naturales, recupere la conciencia de su propio cuerpo que tenía cuando era un niño.

Primer paso: ¿cómo se siente?

Si preguntara a los profesionales de la medicina cuál es la queja que más a menudo oyen, con toda probabilidad le contestarían que sus pacientes siempre afirman estar cansados. «No tengo tanta energía como antes», dicen algunos. «Estoy siempre agotado. Me cuesta un tremendo esfuerzo levantarme de la cama cada lunes, tiro de mí a lo largo de la semana y, por mucho que intente relajarme durante el sábado y el domingo, regreso al trabajo el lunes sintiéndome tan mal como antes.»

Otros problemas frecuentes son los cambios de humor, sobre todo entre las mujeres, y ciertos malestares: un resfriado, una gripe, un virus intestinal, etcétera. Es como si nunca nos encontráramos bien del todo. Cada vez que se supera un problema, surge otro.

Lo que normalmente no se comenta al médico es la ausencia de tales molestias. Por ejemplo, suponga que ha pasado toda la mañana arrastrándose por la oficina, sin conseguir concentrarse. Como no se siente del todo bien, no le apetece comer. Sin embargo, como hace un hermoso día y brilla el sol, decide dar un paseo; tal vez se compra un bocadillo y se sienta a comerlo en un banco.

Cuando vuelve a la oficina, se sorprende al sentirse más animado. Se da cuenta de que rinde más, realiza labores que aquella misma mañana le parecían imposibles; desempeña su trabajo con mayor eficacia.

Quizá experimenta algo parecido un día que ha empezado con mal pie. Llueve y no logra encontrar un sitio para aparcar. Tiene que dejar el coche a varias manzanas de la oficina y camina a buen paso para llegar a tiempo. Tal vez se ha mojado y tiene frío, pero de algún modo se siente contento.

También es posible que se sienta mejor después de tratar con otra persona. Acude a su iglesia, sinagoga o mezquita movido por el impulso espiritual que le ofrece. Pero ¿se ha dado cuenta de que se siente mucho mejor después del servicio, cuando conversa con los demás miembros de la parroquia o durante el rato del café? Lo que le levanta el ánimo es la oportunidad de charlar, de compartir, de relacionarse con otras personas.

Sucede lo mismo cuando juega con sus hijos, o cuando está en compañía de su mascota, o cuando pasa un rato íntimo con su ser más querido. Estas experiencias son placenteras para usted, pero quizá no lo percibe con la misma intensidad con que nota un dolor, porque los médicos no le preguntan por estas cosas. En el pasado le enseñaron a centrarse en lo negativo, no en lo positivo.

Lo curioso del caso es que cuando se concentra en todos sus sentimientos, cuando analiza lo que ocurrió antes, durante y después de una experiencia grata o desagradable, actúa como médico de sí mismo. Entonces descubre qué hace que su

cuerpo se sienta bien o mal; qué tiene un efecto positivo en usted y qué le influye de manera negativa. Y si es usted sincero
acerca de dichas sensaciones y sucesos, tendrá más conocimientos sobre su salud que los mejores doctores.

Advertencia. Es importante distinguir las buenas sensaciones
naturales de aquellas que se experimentan como consecuencia
del consumo de drogas blandas, como la nicotina, la cocaína, el
alcohol o incluso grandes cantidades de cafeína. Muchas personas recurren a ellas porque proporcionan una sensación instantánea de placer. Pueden ser estimulantes o sedantes. Es posible que por un rato mejoren su capacidad para pensar, como
hace el café; o le hagan sentir que aumenta su energía y mejora
su estado de ánimo, como la cocaína y la nicotina, pero la esti-
mulación artificial siempre se acompaña de un bajón. Incluso
dejando de lado asuntos relacionados con la salud y, en ciertos
casos, con la legalidad, el aspecto más negativo de estos modi-
ficadores artificiales del humor es que colocan a su cuerpo en
una montaña rusa. Quizá vaya hacia arriba durante un rato,
pero después siempre desciende, y lo habitual es que el descenso sea duro. El breve estímulo del café puede ir seguido de
un período de intenso cansancio. Tras el punto álgido de la
coca o drogas similares pueden sobrevenir una depresión y un
fuerte deseo de tomar más, con el riesgo de que, como en el
caso de los adictos, su consumo se convierta en habitual. Por
esta razón dichos estimulantes son ineficaces en el mejor de los
casos y peligrosos en el peor. Así pues, no tienen cabida en su
vida ni en el análisis de su salud o sus sensaciones.

Segundo paso: ¿cuál es su estilo de vida?

A la mayoría de los médicos se nos enseña a reaccionar ante
los síntomas buscando la causa inmediata pero no necesaria-

mente la causa subyacente. Una enfermedad que en teoría es el problema tal vez sea en realidad un síntoma de algo más profundo, algo erróneo en el estilo de vida.

Imagine que sufre una infección, el médico le receta un antibiótico y usted mejora. Al cabo de un par de semanas contrae otra infección. De nuevo le prescriben el antibiótico. El ciclo se repite. Durante el proceso el doctor le administra siempre la misma medicación. Una rápida mirada a su historial médico provoca un comentario compasivo como éste: «Verdaderamente ha pasado usted un año difícil, con todas estas infecciones.» Le receta otro fármaco aún más fuerte y usted, sin saber qué otra cosa hacer, le agradece su preocupación, seguro de que ha hecho todo lo posible por ayudarle.

Un antibiótico puede combatir una infección, pero no hace nada para prevenir la siguiente. Además, un efecto secundario muy común de la mayoría de los medicamentos es que la próxima vez que sufra la infección los síntomas serán aún peores. Ello se debe a que tradicionalmente se forma a los doctores para que traten los síntomas, no el problema básico. Por eso su médico no suele intentar determinar por qué su sistema inmunológico es incapaz de luchar contra una infección que se repite. Por eso usted, el experto en su propio cuerpo, debe averiguar qué se oculta tras los síntomas para descubrir las pautas de su modo de vida que tal vez los desencadenen.

Cuestionario

Responda a las siguientes preguntas en una hoja de papel:

1. ¿Practica algún ejercicio al aire libre, incluido un paseo a buen paso, durante al menos veinte minutos cada día? ¿Lo hace durante las horas de luz, sin importar el tiempo?

2. La iluminación de su vivienda ¿proviene de bombillas fluo-

rescentes estándares? ¿De bombillas incandescentes? ¿De fluorescentes de espectro completo?

3. ¿Ingiere comida rápida, alimentos fritos o con alto contenido en azúcar más de tres veces a la semana? (Tenga en cuenta que la mayoría de los cereales que se anuncian en los medios de comunicación, así como los bollos y productos de pastelería, se incluyen en esta categoría.)

4. ¿Toma dulces como tentempié o postre con cierta frecuencia?

5. ¿Siente que la cafeína no le afecta demasiado? ¿Se ha fijado en que, si bien le estimula por la mañana o a media tarde, no le impide dormir?

6. ¿Bebe agua del grifo? Si es así, ¿sabe si las cañerías que la conducen, en su vivienda o en su oficina, son de cobre?

7. Para saciar la sed, ¿bebe agua o bien toma zumos, té, café o refrescos?

8. ¿Realiza alguna actividad social; es decir, pertenece a algún grupo religioso, equipo deportivo o club?

9. ¿Está comprometido con otra persona? Si no es así, ¿busca una relación de esa clase o, por el contrario, disfruta usted del estilo despreocupado de quien se dedica a «tantear el terreno»?

10. ¿Viaja mucho en avión?

11. ¿Sus viajes comportan un cambio de zona horaria?

12. ¿Utiliza ordenador en su trabajo? ¿En casa? ¿En ambos?

13. Durante sus ratos de esparcimiento, ¿ve la televisión o utiliza el ordenador?

14. ¿Su horario laboral le obliga a desplazarse antes de la salida del sol o después de su puesta?

15. ¿Tiene que cambiar su turno de trabajo cada cierto tiempo?

16. ¿Trabaja en el turno de noche, de modo que regresa a casa cuando los demás se levantan?

17. ¿Fuma?

18. ¿Convive con un fumador o está expuesto en su trabajo al humo de cigarrillos, pipas o puros?

19. ¿Consume algún suplemento nutricional?

20. ¿Se prepara usted mismo la comida o prefiere los alimentos precocinados que sólo hay que calentar?

21. ¿Consume carne de vaca? ¿De cerdo? ¿De pollo? ¿De pavo? ¿Pescado?

22. ¿Es usted vegetariano? ¿Toma una amplia variedad de productos vegetarianos para aportar a su cuerpo todas las proteínas que necesita?

23. ¿Trabaja o habita en un edificio que recicla el aire, o dispone de una fuente constante de aire fresco como, por ejemplo, ventanas abiertas?

24. ¿Puede dormir toda la noche, o su sueño se ve interrumpido por niños pequeños, un familiar enfermo u otra causa?

25. ¿Toma bebidas alcohólicas o refrescos?

Tercer paso: unámoslo todo

Las veinticinco preguntas del «Segundo Paso» no tienen respuestas correctas o incorrectas. Tampoco están pensadas como una guía de cambios que deba usted realizar. No son más que las preguntas que su médico debería plantearle cuando le somete a un examen. Las respuestas pueden ser indicadores significativos no sólo de su salud, sino también de las razones por las que se siente como se siente.

En la mayoría de los casos, se recupera el completo bienestar mediante un análisis del estilo de vida cuyo fin sea modificar las pautas que tienen consecuencias negativas para la salud.

Por ejemplo, los alimentos ricos en azúcar, las bebidas que contienen cafeína, muchas frituras y los cigarrillos provocan hipoglucemia (falta de azúcar en la sangre). A pesar de que proporcionan un aumento de energía casi inmediato (piensa con más claridad y se siente más animado para enfrentarse a su actividad cotidiana), la inyección de azúcar en el cuerpo va seguida de un disparo de insulina (necesaria para procesarlo) tan grande como el que hace falta tras una comilona. (Por ejemplo, el cuerpo empieza a metabolizar una chocolatina con el mismo entusiasmo que una comida de cuatro platos.) De este modo, una vez que el azúcar ha sido metabolizado, usted siente que de pronto necesita algo para que la energía siga fluyendo. A diferencia de una alimentación sana, que libera los azúcares naturales durante horas al tiempo que le mantiene activo y alerta entre una comida y otra, estos productos ricos en azúcar y cafeína hacen que su organismo sufra subidas y bajadas acentuadas. Enseguida alcanza un punto máximo, pero pronto cae a toda velocidad y usted se siente tan adormilado que no puede pensar con claridad.

Todavía no se ha producido un daño crónico, pero quizá sí nota que se queda medio dormido ante su mesa de trabajo, le falta la atención necesaria en la cadena de montaje o lucha por mantener el control mientras conduce. Al final su sistema inmunológico se vuelve débil. Contrae un resfriado y, justo cuando se está recuperando, nota molestias en la garganta y la nariz moqueante, lo que presagia otra infección. Sin embargo, está decidido a ir a trabajar, de modo que acude a su oficina, bebe café para mantenerse despierto, a media mañana come un bollo o una chocolatina con el fin de recobrar la energía y a la hora de la comida toma algo rápido porque quiere terminar sus tareas pronto para marcharse a casa y meterse en la cama.

Abandona la práctica de deporte. Quizá intenta seguir en el gimnasio al que solía acudir, pero se da cuenta de que hace verdaderos esfuerzos por ir. Por otro lado, no le apetece en absoluto salir a caminar al aire libre, y menos aún si hace mal tiempo. Como resultado, su exposición a la luz natural se reduce casi a cero, y la inmediata consecuencia es un daño aún mayor a su sistema inmunológico, acompañado de una depresión más profunda.

La gravedad de esta situación la describieron los investigadores de la Facultad de Medicina de la Universidad John Hopkins de Baltimore. Daniel E. Ford, el coordinador del artículo, informó en el ejemplar de julio de 1998 de la revista *Archives of Internal Medicine* de que ciertos estudios realizados durante un largo período de tiempo demostraban un elevado riesgo de infarto en hombres que sufren depresión. En el momento de publicarse este libro no está claro si el riesgo está asociado a la medicación antidepresiva o al daño psicológico que entraña una depresión.

Si describe sus síntomas a su médico, probablemente le recetará un antibiótico u otro fármaco indicado para las infecciones leves que no dejan de asaltarle; quizá incluso un antidepresivo o un estimulante suave. En algunos casos, si el proceso persiste, puede que le diagnostique un síndrome de fatiga crónica. Cada día se convierte en una lucha, y usted da las gracias a la medicación, que impide que se sienta peor. No se da cuenta de que las verdaderas causas de su problema, y la clave de su recuperación, son las pautas de estilo de vida que he apuntado en el cuestionario. Y no duda de su médico, porque hace el trabajo que usted espera de él. Por desgracia, es necesario que usted exija más si quiere lograr el bienestar. Debe hacerse cargo de su salud y utilizar los conocimientos que le ofrece este libro para equilibrar la melatonina, los antioxidantes, la alimentación y mejorar otros factores que posibilitarán el fin de su problema, no sólo de los síntomas, como hace la medicina.

Parece una ironía que su médico pase por alto las verdaderas causas de su malestar precisamente porque la atención sanitaria ha mejorado. Los conocimientos sobre psicología, anatomía y bioquímica humanas nunca han aumentado tanto como en estos últimos años. Podemos elaborar mapas del cerebro, análisis genéticos y dibujos del ADN. No sólo efectuamos operaciones quirúrgicas en órganos cuyo deterioro antes producía invalidez permanente o la muerte, sino que los reemplazamos. En la actualidad los trasplantes de hígado, corazón o riñón, así como otras muchas intervenciones complicadas, son habituales y tienen unas expectativas de éxito a largo plazo. De hecho, muchos de los pacientes sometidos a un trasplante hepático hace unos años ya no necesitan tomar medicación antirrechazo porque sus cuerpos se han adaptado al órgano ajeno.

Entonces ¿qué falla en la medicina contemporánea? Se ha vuelto demasiado técnica, especializada y limitada para garantizar el bienestar de la mayoría de la población. Hemos estructurado la dispensación de cuidados médicos de tal modo que se centran en las intervenciones poco usuales que sólo necesita una minoría. Se ha perdido la tradicional relación entre el médico y el paciente que hacía que aquél se ocupara del cuidado de quizá dos o tres generaciones de una familia. Esto significa que su médico le considera un expediente de archivo y, con echar un rápido vistazo a sus notas, obtiene una información mínima sobre su salud y menor aún sobre su vida. En caso de que usted tenga un doctor particular, lo más probable es que éste se vea obligado por criterios económicos a aumentar el número de pacientes, de modo que el tiempo que le dedica se reducirá a una exposición de síntomas por su parte, un examen, una receta y quizá le remita a un especialista antes de una rápida despedida porque el próximo paciente ya aguarda en la sala contigua. Si entablan una conversación más personal, hablarán del tiempo, el trabajo o cualquier tema banal, de modo que el paciente mencionará unos pocos detalles sobre su salud general y su vida; de todas formas es poco probable que el médico le escuche.

Esta situación contrasta con lo que ocurría en el pasado, cuando el médico poco podía hacer por un paciente aparte de quedarse junto a su cama. Los medicamentos eran escasos, y se recurría a la cirugía sólo en última instancia. El doctor tenía que confiar en el sentido común y en su conocimiento personal del paciente, al que únicamente llegaba pasando bastante tiempo con él. La práctica de la medicina era casi un arte, no sólo una ciencia.

En aquellos días el doctor pasaba visita en las casas, de modo que veía al paciente en su entorno familiar, y se formaba una idea de sus relaciones familiares, la limpieza de la vivienda, los alimentos que comía y si sufría estrés en el trabajo. Preguntaba acerca de las actividades cotidianas y así se enteraba de si se habían producido cambios en la vida del paciente. «Harry, usted solía caminar cada día hasta el centro para tomar una cerveza —decía tal vez—. Su mujer me ha contado que ya no lo hace, que ahora le pide que compre un paquete de seis latas en el súper. Creo que se sentiría usted mejor si volviera a pasear cada día, quizá no para beber una cerveza (le está saliendo barriga), pero sí para tomar un café.»

Era como una conversación entre dos amigos. Puesto que el médico conocía a su paciente personalmente, podía sugerirle algunos cambios en su estilo de vida, además de detectar ciertos malos hábitos de otros miembros de la familia que pudieran afectarle; por ejemplo, que alguno de ellos fumara. Aunque no se conocían los peligros que para un fumador pasivo entraña el humo (como los radicales libres, que se tratarán en los siguientes capítulos), a veces se sospechaba que si una persona fumaba, esto podía afectar a todos quienes vivieran con ella. El médico podía hablar con cualquiera de los habitantes de la casa. «A su abuela le cuesta respirar. Hasta que mejore, sería conveniente que airearan su dormitorio y usted dejara de fumar dentro. Si le apetece un cigarrillo, vaya fuera, como cuando era un chaval. Aún tardaremos unos días en notar alguna mejoría, pero creo que así evitaremos llevarla al hospital y podrá seguir en casa, donde está más a gusto. Puede ayudarla haciendo lo que le digo.»

Hoy día quizá el doctor constata que el paciente no fuma, pero rara vez pregunta si lo hace el esposo, los padres, algún hermano o algún hijo. Como ve al paciente en la consulta, una clínica o un hospital, pasa por alto muchos problemas. Peor aún, cuando se menciona que fumar en el hogar es una fuente de molestias, entonces se prohíbe de forma autoritaria: «¡No se debe fumar en casa! ¡Está usted matando a su abuela!» Tal comentario, por supuesto, hace que los miembros de la familia se sientan culpables u ofendidos, por lo que se pondrán a la defensiva, algo que nunca sucedía con la sutil persuasión del médico de familia.

Volviendo al caso de Harry, con toda probabilidad en la actualidad le recetarían una medicación para controlar la hipertensión, otra para reducir el colesterol y tal vez un estimulante. Poco a poco dejaría de hacer deporte, su calidad de vida disminuiría, hasta llevarle quizá a una muerte temprana. Y todo porque el médico que dispensa tratamientos a través de los sistemas actuales desconoce el pasado del paciente, sus costumbres y la situación de su hogar.

Las mujeres lo han tenido aún peor que los hombres. No sólo se las ha tratado igual que a los varones, sino que durante más de un siglo su salud se explicaba mediante mitos y barbaridades médicas. (Por ejemplo, en 1868 un reputado ginecólogo anunció que, si una muchacha de dieciséis años bailaba la polca, se volvería estéril antes de cumplir los veintiuno.) Uno de los factores que contribuían a que se las despreciara de ese modo era que sólo se les permitía tener relaciones sexuales cuando el marido quería, y se esperaba de ellas que tuvieran muchos hijos porque se consideraba que una progenie numerosa era una garantía de seguridad en las zonas rurales. Ya que muchos niños morían antes de cumplir los cinco años, las mujeres seguían teniendo bebés que, si sobrevivían, cuidarían a sus padres cuando fuesen ancianos.

En aquella época no se comprendía que el número de hijos no era el problema. De hecho el «sexo débil» es mucho más fuerte que el varón durante los años de reproducción. Una mujer premenopáusica tiene más aguante que un hombre, puede soportar más dolor, ya que crea con mayor facilidad las beta-endorfinas necesarias para combatirlo. Una mujer que diera a luz diez hijos durante los primeros quince años de su matrimonio tendría pocas probabilidades de que su salud se resintiera. Muchas mujeres espaciaban los partos y disfrutaban de una vida larga y provechosa. En cambio, cuando el hombre insistía en reanudar las relaciones sexuales justo después del alumbramiento y la mujer era demasiado complaciente, sí existían peligros para la salud de ésta. Si no se había recuperado por completo podía morir o padecer trastornos emocionales graves. Muchas de las personas que empezaron a luchar por el control de la natalidad eran mujeres que habían visto a otras tener un bebé cada nueve meses y sufrir las consecuencias. Cuando Patrick Henry pronunció su famoso discurso «¡Dadme la libertad o dadme la muerte!» antes de la Revolución estadounidense, dejaba a su mujer, loca, encerrada bajo llave en el sótano siempre que salía de casa. Poca gente lo sabía entonces y poca gente lo sabe hoy. Según Peggy Eaton, esposa del secretario de Guerra durante el gobierno de Andrew Jackson y una de las primeras personas que abogaron por el control de la natalidad, se achacó la demencia de la señora Henry a sus continuos embarazos. Su cuerpo aún no se había recuperado de un parto cuando volvía a mantener relaciones sexuales y quedaba encinta de nuevo.

Hoy día uno de los mitos aceptados guarda relación con las bajas probabilidades que tienen las mujeres de padecer enfermedades cardíacas. De hecho, antes de alcanzar la menopausia gozan de una protección bioquímica; por esta razón una mujer obesa que fuma, come alimentos con colesterol y es hipertensa no es tan propensa como un hombre con idéntico perfil a sufrir un infarto hasta los cincuenta y pocos años. El varón puede padecer un infarto entre cinco y diez años antes que ella. Sin embargo los cambios bioquímicos que se producen durante la menopausia igualan las probabilidades.

Por muy trágico que resulte, a pesar de que éste es un hecho constatado, se hace bien poco al respecto. Con cierta frecuencia las mujeres padecen infartos y a menudo fallecen antes de que se les realice un diagnóstico apropiado. Esto se debe a que los síntomas que presentan no son tan graves. Sólo cuando el infarto es atrozmente doloroso (rara vez lo es) se toman las medidas necesarias para paliarlo. Los diagnósticos tardíos provocan una alta incidencia de muertes y una baja utilización de los cuidados apropiados para reducir la posibilidad de un segundo infarto, que puede ser fatal.

La penosa calidad de gran parte de los cuidados sanitarios que recibimos hoy día se complica con nuestra falta de atención y de conocimientos respecto al modo en que se tratan, cultivan y procesan los alimentos. Los errores que aún cometemos en agricultura son tan significativos como los de la dispensación de cuidados médicos.

Por ejemplo, hace tiempo viví cerca de una granja. Un día, después de un chaparrón, me aproximé a la cerca que separaba mi terreno del de la granja. Me fijé en que el suelo en mi lado estaba lleno de lombrices. Normalmente no veía muchas, ya que siempre están bajo tierra, aireándola gracias a sus túneles. Sin embargo, la lluvia torrencial las había obligado a salir a la superficie, donde ya excavaban afanosas nuevos agujeros.

Cuando observé el terreno de la granja, quedé sorprendido al ver que sólo había barro. No había lombrices, a pesar de que a sólo unos metros de distancia abundaban. Picado por la curiosidad, se lo comenté a mi vecino, y lo que me dijo me asombró.

«Es por los productos químicos que uso para tratar los cultivos», afirmó, y comenzó a enumerar pesticidas y otros compuestos ideados para que los insectos y las malas hierbas no destruyan las cosechas. «Los gusanos no pueden protegerse de ningún modo frente a ellos.»

Por otra parte, la mayoría de la gente que cuida su salud ha reducido el consumo de carne roja a favor de las aves de corral y el pescado, no porque se sientan preocupados por los productos químicos añadidos a su alimentación, sino porque han comprendido las ventajas de una alimentación más sana que el típico filete de ternera con patatas, plato primordial de muchos hogares durante los años cincuenta.

Las aves sanas criadas de forma natural presentan pocos problemas. Por desgracia, debido a que ha aumentado su demanda, los grandes proveedores compran cada semana a los pequeños granjeros las que necesitan. Y son estos grandes proveedores quienes dictan cómo han de criarse. Los plazos que imponen a los subcontratados para la crianza de las aves son más cortos que lo que tarda un pollo criado de manera natural en alcanzar el peso al que será vendido. De este modo, en lugar de pasearse por la granja, las aves permanecen encerradas en corrales, en filas ordenadas, a menudo sin ver la luz del sol desde que nacen hasta que las llevan al matadero. Les inyectan antibióticos y hormonas para el crecimiento con el fin de evitar que enfermen mientras estén en sus residencias artificiales y conseguir que alcancen el peso de mercado con mayor rapidez. Como los compradores dominan el mercado, estipulan el precio por kilo y, puesto que resulta más rentable forzar el crecimiento, el uso de productos químicos se ha convertido en una práctica habitual.

El resultado de este nuevo proceso de cría de pollos es que sus huesos son quebradizos y sus articulaciones muestran a menudo magulladuras y otros daños. Los antibióticos y las hormonas permanecen en la carne después de ser cocinada, entran en nuestro cuerpo y perjudican tanto a nuestro sistema inmunológico como a nuestro metabolismo.

¿Qué significa esto? En primer lugar, la ingestión de las hormonas de crecimiento que se administran a los pollos representa un peligro para todos, en especial para nuestros hijos. Sabemos que el cambio en la alimentación de los niños que tuvo lugar hace un par de generaciones, por el que se pasó de la leche materna a la de vaca o a la de fórmula, no fue bueno para la salud de los pequeños. La leche materna, al proporcionar anticuerpos naturales, hormonas adecuadas para el crecimiento y otros elementos esenciales, posibilita que el recién nacido inicie la vida del modo más sano posible, lo que le beneficiará cuando sea adulto. Sin embargo, la leche de vaca y la de fórmula poseen una bioquímica que es anormal para el bebé y puede causar complicaciones en el desarrollo de los huesos y músculos. Son problemas lo bastante sutiles para no provocar una reacción social en contra del biberón, pero lo que es adecuado para el desarrollo de un ternero que camina desde que nace no necesariamente lo es para la cría humana, que madura con más lentitud. Al consumir las hormonas de crecimiento que se administran a los pollos, hacemos que aumenten los riesgos para nuestros jóvenes.

El empleo exagerado de antibióticos es aún más peligroso. Cada vez que toma un medicamento para solucionar un problema de salud, la infección que intenta combatir tratará de sobrevivir con todas sus fuerzas. Desarrollará defensas contra los antibióticos, de modo que cuanta más medicación tome usted, más posibilidades habrá de que el antibiótico sea derrotado por los gérmenes mutantes. Por eso los médicos bien informados ya no los recetan de manera sistemática para tratar enfermedades leves. Sin embargo, reducir el consumo de antibióticos no servirá de nada si ingerimos los que se utilizan en la cría de pollos.

Cuarto paso: no mate moscas a cañonazos

¿Acaso pretendo animarle a que abandone a su médico, a que se diagnostique usted mismo y a que modifique por completo sus costumbres alimenticias? Rotundamente no. Los diez remedios naturales que defiendo mejorarán con toda seguridad su salud y pueden salvarle la vida, pero no deben considerarse un sustituto de una revisión periódica con el médico de asistencia primaria, sobre todo si existen problemas que puedan indicar la existencia de una enfermedad grave.

Es una cuestión de equilibrio. Suponga, por ejemplo, que es usted un hombre con una afección de próstata leve (una disfunción sexual menor, micción frecuente y en ocasiones dolorosa) y toma sabal, un remedio natural que alivia los síntomas y elimina el problema. De este modo no sufrirá efectos secundarios ni reacciones alérgicas, y tampoco necesitará estimular artificialmente su vida sexual recurriendo a una cara y peligrosa panacea como la Viagra.

Suponga, sin embargo, que padece un problema más grave, el cáncer de próstata, que afecta al menos a la mitad de los hombres mayores de cincuenta años. El sabal puede reducir o eliminar los síntomas, pero no se ha demostrado que sirva para su total recuperación. Quizá necesite cirugía o un tratamiento de radiación. Sólo si se somete a un examen periódico de la próstata sabrá con certeza la causa de su problema.

Es preciso que analice su estilo de vida para evaluar los síntomas que precisan la atención de un médico. Esto no significa que deba usted confiar sólo en su propio diagnóstico ni que deba delegar en su médico toda la responsabilidad del tratamiento. Los remedios naturales son la primera línea de defensa para asegurarse el bienestar, ya que pueden prevenir o curar la mayoría de las afecciones que los doctores atienden a lo largo de un día. Sin embargo debe cerciorarse de que su caso no es excepcional ni necesita un diagnóstico médico. Además, recuerde que todos hemos de someternos a una revisión médica periódica para conocer nuestra salud.

El médico no es un dios al que se haya de venerar ni una persona que merezca nuestro desprecio porque carece de conocimientos acerca de los remedios naturales. Tenga presente que siempre debe escuchar al auténtico experto en su propio cuerpo: usted mismo, usted misma.

Pasemos ahora a los diez remedios naturales que pueden salvarle la vida y aprendamos por qué son necesarios en nuestra sociedad.

2

LOS ELEMENTOS BÁSICOS: LUZ, AGUA Y AIRE

En ocasiones da la impresión de que nos esforzamos por poner en peligro nuestra salud. Miles de años atrás la gente comprendía el ritmo del planeta. Los libros sagrados, como la Biblia, mencionan las estaciones de la vida: la época de la siembra, de la crianza, de la cosecha. Nuestros antepasados más lejanos, tanto cazadores como agricultores, entendían que la supervivencia requería de tres elementos básicos: la luz, el agua y el aire. Trabajaban mientras brillaba el sol. Dormían al caer la noche. Construían sus viviendas de modo que pudieran evitar los humos de las fogatas que usaban para cocinar y buscaban agua limpia para beber y lavarse.

Claro que incurrían en errores. Los antropólogos han constatado que algunas culturas agotaron la tierra al sobreexplotarla, con lo que hubo estaciones en que padecieron escasez de alimentos; en ocasiones los precarios métodos de los granjeros o una inapropiada limpieza contaminaban lo que debería haber sido un agua limpia y potable. Además, algunos restos arqueológicos demuestran que los moradores de las cavernas no siempre diseñaban sus viviendas de modo que no inhalasen humo, que ennegrecía tanto sus pulmones como sus paredes. Sin embargo, por lo general nuestros antepasados sabían cómo utilizar los tres regalos básicos de una vida saludable.

En la actualidad alabamos aquel estilo de vida que más cerca esté de la revolución electrónica. Hemos llegado a creer que cualquier cosa en que estén implicados los ordenadores y los medios de comunicación electrónicos nos llevará a una existencia nueva y mejor. El granjero, por muy esencial que pueda ser para nuestra supervivencia, tiene tan poco que ofrecer a nuestra noción de salud como el portero de un edificio de oficinas al director general de una empresa importante. Algunos de los empleados mejor pagados de muchas compañías están físicamente aislados y pasan la mayor parte de su jornada trabajando con un teclado ante un monitor. Admiramos al teletrabajador, es decir, aquella persona que cada mañana sale de su dormitorio, va a la cocina y después a la habitación en que tiene su ordenador, su módem, su fax y su teléfono centralita. Insistimos en que nuestros hijos aprendan informática, hasta el punto de que organizamos campamentos de verano donde se considera una actividad recreativa y saludable que permanezcan entre cuatro paredes usando los ordenadores.

¿Qué hemos ganado con este nuevo estilo de vida? Tenemos una de las tasas de ingresos per cápita más altas del mundo. Incluso el trabajador que menos gana puede planear comprarse un coche para no tener que ir caminado a todas partes. Casi todos los adultos de la nación poseen un televisor para entretenerse en el salón, el dormitorio, la cocina o el taller. Compramos videojuegos para jugar a baloncesto virtual, echar carreras virtuales y en general realizar un buen entrenamiento físico en la pantalla sin tener que preocuparnos por el sudor de la «vida real». Luego vamos a por lo siguiente, el próximo juguete de adultos que hemos de tener como sea porque, a pesar de todas nuestras posesiones materiales, nos sentimos muy mal la mayor parte del tiempo.

En apariencia, el efecto de esta nueva existencia maravillosa ha sido un impulso de la economía. Mientras escribo, en Estados Unidos la tasa de empleo es elevada, y muchos de los empleos se crean en el sector de las ventas al por menor. Sin embargo existe un lado negativo evidente del que nadie parece dispuesto a hablar: entre las compañías que más trabajo ofrecen se encuentran los hospitales, las clínicas, las farmacias y otras empresas dedicadas al cuidado de la salud. En las deterioradas zonas suburbanas de Detroit, Cleveland, Akron y Pittsburgh, donde en una época dominaron las industrias del acero y automovilísticas, actualmente se considera que el área de mayor empleo es la sanidad. El salario suele ser más bajo, pero el número de puestos de trabajo que se ofrece excede con mucho al de cualquier otro negocio.

Además se ha producido un triste y espectacular aumento del consumo de drogas. No me refiero a las drogas de evasión (estimulantes y sedantes ilegales), sino a los medicamentos que han pasado a formar parte de nuestra vida hasta el punto de que prácticamente se han convertido en un plato más en la comida diaria. Cada noche ingerimos una cantidad adecuada de carne, pescado o ave, verduras, fruta, cereales, leche, Prozac, Valium y, de postre, nuestra píldora preferida contra el insomnio. Da la impresión de que ya no pensamos en las pastillas como si fuesen una medicina, sino como si formaran parte de nuestra alimentación diaria.

Antiguamente la gente acababa un largo día de trabajo con un buen descanso por la noche. Ya no. Ahora limitamos nuestras horas de sueño, nos jactamos de la cantidad de horas que pasamos navegando por Internet o jugando con el último videojuego.

Sellamos las ventanas de las oficinas para que la calefacción y la refrigeración sean más eficaces, y después aprovechamos con inteligencia el espacio creando cubículos sin ventanas. En consecuencia, los gastos se reducen y la productividad aumenta. Excepto cuando nuestros empleados se quedan en casa por culpa de un resfriado o una gripe. O trabajan más despacio debido a una depresión leve que limita su rendimiento.

Sí, disponemos de maravillas tecnológicas capaces de convertir el día en noche, la noche en día, y estamos en contacto con los rincones más lejanos del planeta. Entonces ¿por qué nos sentimos tan mal?

La respuesta es que nos contradecimos. No sólo contradecimos lo que aprendimos instintivamente en el pasado, sino que además hacemos caso omiso de los conocimientos científicos actuales que se refieren a la calidad de vida que deberíamos exigir. Por este motivo el primer remedio natural que voy a tratar es uno de los más básicos: la luz.

Desde hace mucho tiempo las personas activas consideran que la noche es el enemigo de su existencia, dedicada por entero al trabajo o al juego. Durante el día se sienten despejados, sobre todo si salen y pasan un rato al sol, pero también han de asumir numerosas responsabilidades: deben ir a la escuela o a su empleo, hacer las compras o cuidar de los niños. En definitiva, las horas del día equivalen al ajetreo cotidiano. Para estas personas la noche es el momento de la aventura.

En los bares y clubes nocturnos la *happy hour* tiene lugar al anochecer, cuando pasamos de la luz artificial de nuestras oficinas, tiendas y fábricas a la mucho más tenue luz artificial de nuestros locales favoritos. Con la noche llegan también las diversas formas de diversión —*disc jockeys*, grupos en directo, cómicos, bailarinas— y la oportunidad para el romance y la seducción, además de la ocasión de entretenerse con videojuegos sin tener que estar pendiente del jefe, o de chatear por Internet, donde unos mienten y hacen insinuaciones sexuales, los que se sienten solos hacen «amigos» a partir de unas palabras escritas en la pantalla, y los curiosos obsesivos no dejan de explorar con sus buscadores en la red.

¿Es que los noctámbulos no se cansan? Por supuesto que sí. La glándula pineal, una diminuta fábrica de la que la mayoría no ha oído hablar jamás, hace que la melatonina (un sedante natural) bombee en el cuerpo. La melatonina nos trae la promesa de un buen sueño nocturno, que combina descanso y recuperación tras la presión de la vida diaria.

¿Cómo afecta al cuerpo esta negación de la necesidad de descanso? Envejecemos prematuramente, sufrimos depresiones, creamos inmunodeficiencia y nos volvemos más vulnerables a las enfermedades, entre otros problemas evitables.

Aunque no alteremos los ritmos naturales del organismo en la misma medida que nuestros amigos o conocidos, nuestro estilo de vida plantea riesgos que nunca hubiéramos creído podrían afectarnos: cáncer, afecciones cardíacas, senilidad, cataratas y otras muchas enfermedades. Bueno, quizá fueran inevitables al llegar a ancianos, pero no en nuestro caso. Por suerte, ahora sabemos que un doble remedio natural, uno de los aspectos fundamentales de la medicina preventiva, puede producir lo que antes la gente habría considerado un milagro. La luz y la hormona de la melatonina son quizá los remedios naturales más sencillos y potentes para salvar nuestras vidas.

LA LUZ

Lo más importante es lograr una adecuada exposición a la luz del sol o a su equivalente artificial más próximo: la luz de espectro completo. En los últimos años la luz del sol ha tenido la mala prensa que normalmente se reservaba a los políticos, ya que puede provocar envejecimiento prematuro y cáncer de piel. Esto es cierto si la exposición es excesiva. Sin embargo, porque uno pueda ahogarse en medio del océano no olvidamos que el agua puede salvar la vida a alguien que se ha perdido en el desierto. Como el agua, el sol es esencial para nuestro bienestar.

¿Hasta qué punto lo es? Si se expone demasiado poco tiempo a ciertas longitudes de onda, su cuerpo no absorberá adecuadamente los nutrientes de la comida. La insuficiencia de luz puede provocar enfermedades cardíacas, infarto, fatiga, alopecia, cáncer, hiperactividad, enfermedad de Alzheimer, osteoporosis o supresión de la función inmunitaria.

La falta de suficiente luz de espectro completo puede ser la razón por la que algunos pacientes hospitalizados o ingresados en clínicas tienen una vida más corta y de peor calidad que personas en condiciones similares que permanecen en sus casas. ¿Por qué? Porque estas últimas tienen más posibilidades de salir a dar un paseo o sentarse al sol cuando les apetece.

Aunque el personal de los hospitales o de las clínicas es consciente de que los pacientes necesitan recibir con regularidad la luz del sol, las circunstancias en que trabajan pueden hacerlo imposible. Una plantilla reducida significa que los pacientes no pueden ser trasladados con frecuencia. A menos que cuenten con una zona abierta donde los miembros del personal puedan atenderlos si necesitan ayuda, el tiempo que pasan al sol se verá limitado a dos o tres veces por semana. Y dado que las bombillas de espectro completo que se utilizan en los invernaderos son relativamente caras, por lo general encontramos en estas instituciones las tradicionales bombillas fluorescentes o incandescentes, ambas perjudiciales.

Reconocemos que el sol puede ser peligroso. De hecho, el espectro de luz ultravioleta es una forma de radiación. Pero si usted lleva un sombrero, una camisa o blusa de manga larga, utiliza una crema de protección alta (la de factor 39 suele ser la más alta que podemos encontrar y merece la pena pagar su precio), gafas de sol poco coloreadas pero con una buena protección UVA y UVB, y limita el tiempo que pasa fuera, recibirá la mayoría de los beneficios del sol sin sufrir todos sus efectos nocivos. La exposición a la luz del sol es tan importante que debe usted intentar salir cada día, aunque ello suponga robar un rato a su hora de comida y no llevar la ropa protectora ni la crema solar. En tales casos, recuerde que hay que practicar la moderación.

Los efectos negativos de una escasa exposición al sol han pasado a formar parte de nuestra cultura popular en esta era del ordenador. Todos hemos oído historias sobre amantes compulsivos de la informática, personas que trabajan con artilugios de alta tecnología o crean lenguajes de ordenador. Pasan horas sentadas solas en habitaciones oscuras, con la luz del monitor por toda iluminación, diseñando *software*, perfeccionando sus nuevos productos y comunicándose con amigos y otros colegas de todo el mundo. Pocas veces se relacionan con personas de carne y hueso. Tienen tendencia a comer demasiado, a menudo viven de refrescos con cafeína y comida basura, y sólo de vez en cuando toman platos nutritivos. Están cansadas, pero de pronto se sienten mucho mejor si se ponen a teclear datos o a escribir mensajes. El correo electrónico no es sólo una herramienta de comunicación para estas personas; se han aislado tanto psicológicamente que no se les ocurre utilizar el teléfono.

Es edificante comparar el estilo de vida del mítico usuario de ordenador con el de una persona aquejada de desequilibrio emocional estacional (DEE). Quienes lo padecen sufren el problema de la depresión estacional. Cuantas menos horas de luz reciben al día, más dificultad tienen para hacer su vida a lo largo de la jornada. Por esta razón el DEE es más habitual en las ciudades del norte, donde las horas de luz en invierno son escasas, a menudo el cielo está nublado y el clima intimida de tal modo que mucha gente decide no salir de casa. Pero al menos quienes padecen DEE se recuperan en cuanto los días empiezan a hacerse más largos y salen al sol; lo que para ellos es una experiencia vivida sólo durante los largos días de oscuridad, se prolonga todo el año en el caso del adicto al ordenador que vive en un aislamiento autoimpuesto.

¿Cuáles son los síntomas del DEE? Una tendencia a evitar relacionarse con otras personas, a comer en exceso y a sentir cansancio —los mismos rasgos que caracterizan al adicto al ordenador—. Sin embargo, como el usuario del ordenador entrega a tiempo su trabajo a la empresa o cumple de algún otro modo en su empleo, no pensamos en su estilo de vida poco saludable o en sus problemas. Pero sospecho que dentro de pocos años veremos aparecer un número desproporcionado de desarreglos del sistema inmunológico en personas que utilizan en exceso el ordenador. Y ello se deberá en gran parte a que no reciben la adecuada cantidad de luz solar.

USTED, LA LUZ Y LA MELATONINA

Nuestro cuerpo, y quizá también el de todas las criaturas vivas, funciona con mayor eficacia cuando está en sintonía con el ciclo luz-oscuridad. La exposición a luz brillante es como un interruptor que regulara la química del organismo. Se enciende la luz brillante y salimos a trabajar con premura y eficiencia; los atletas alcanzan sus mejores marcas; los empleados de oficina piensan con claridad; los científicos perfeccionan sus descubrimientos; los estudiantes aprenden con más facilidad, y las personas que han de desarrollar actividades potencialmente peligrosas, como conducir coches, manejar objetos pesados, pilotar aviones o cargar y descargar camiones, tienen menos accidentes que sus compañeros de los siguientes turnos.

La oscuridad desconecta el interruptor, y nosotros reducimos la atención. La capacidad para pensar falla, las reacciones son más lentas, pensamos con menos claridad y quizá sentimos cierta tristeza o melancolía aunque hayamos disfrutado de un día feliz y productivo. Quienes tratan de alargar sus horas de vigilia yendo a bares o clubes nocturnos a menudo se quedan meditabundos y callados o bien se muestran bulliciosos y desinhibidos. Lo primero está relacionado con la necesidad de dormir; lo último, con la disminución del sentido común causada por la imposibilidad de pensar con claridad. Ninguna de las dos cosas es buena.

Estos cambios emocionales se deben a los cambios bioquímicos controlados por la glándula pineal. Dicha glándula, que trabaja cada vez más despacio a medida que envejecemos y finalmente se detiene, produce una de las sustancias químicas vitales de nuestro cuerpo: la melatonina. Cuando comprenda cómo trabajar adecuadamente con la luz y cuándo suplir su melatonina natural, quizá se sentirá mucho mejor. También descubrirá que los achaques de la edad, como las cataratas, se reducen, eliminan o, en ciertos casos, se curan parcialmente.

El requisito básico para el funcionamiento de una glándula pineal sana, durante los años que está a pleno rendimiento, es una gran cantidad de luz durante el día y evitar las luces brillantes por la noche. ¿Parece simple? Lo es. ¿Cumplimos esta pauta? Raras veces.

La calidad de la luz se ve reducida por ventanas, gafas con cristales muy tintados, parabrisas de coche y todos los artilugios que permiten su paso en nuestras oficinas, hogares y vidas. Cuando la luz atraviesa un cristal, suele carecer del espectro completo que sería deseable. Las personas que han de desplazarse largas distancias para acudir a su puesto de trabajo tal vez crean que reciben la luz del sol, pero su valor se ve peligrosamente reducido. La claridad hace mucho bien, pero no es la única cualidad de la luz que se necesita en cada ciclo de veinticuatro horas. Es crucial que cada día se exponga directamente al sol; si se ve obligado a permanecer en el interior de un edificio, asegúrese de que su cuerpo recibe luz de espectro completo.

La oficina ideal debería tener el mismo aspecto que una escuela primaria en un día cálido de primavera, en que tanto los alumnos como los profesores están muy activos. En primer lugar, la puerta de la clase está abierta; no hay cubículos aislados. Además, las ventanas son grandes, dejan pasar la luz del sol y, a veces, el aire fresco al eliminar el «filtro» que supone el cristal. En tercer lugar, los niños tienen un descanso dos y hasta tres veces al día; salen a jugar por la mañana y por la tarde, y en ocasiones también durante la hora de la comida. El resultado es un grupo de niños felices y productivos, que durante el día desarrollan al máximo sus capacidades y por la noche duermen bien.

Sin embargo el entorno de la oficina moderna no es así, de modo que hay que contrarrestarlo con un cambio significativo en el estilo de vida. Será más fácil llevarlo a cabo si es usted uno de los cada vez más numerosos teletrabajadores, es decir, si trabaja en casa. De todos modos, también puede introducir cambios eficaces si trabaja en una oficina.

1. Si va en coche a su trabajo, no lo deje en el aparcamiento del edificio o en uno cercano: estaciónelo al menos a medio kilómetro de distancia y camine hasta su oficina. Quizá tenga que salir cinco o diez minutos antes de su casa, pero de este modo casi siempre pasará esos minutos a la luz del día.

   Si utiliza el transporte público, baje dos o tres paradas antes o después de su parada habitual y luego haga el resto del trayecto a pie. Así ganará unos minutos de exposición a la luz del sol.

2. Haga cada día un pequeño descanso y salga a la calle. Puede aprovechar para ello la hora de la comida o cuando vaya a tomarse un café. Curiosamente, los fumadores hacen un relativo favor a sus cuerpos cuando, siguiendo las normas, sa-

len a la calle a fumar. Resulta que los códigos de salud, diseñados para proteger a los no fumadores del humo, de hecho ayudan a los propios fumadores al obligarles a salir. En todo caso, ¡recuerde que lo mejor sería salir y no fumar!

3. Equipe su hogar con luces brillantes e interruptores que regulen la luz. Cuanto más brillante sea la luz, más saludable. Los interruptores reguladores le permiten ajustar la luz en sintonía con la paulatina oscuridad de la noche. Podrá ver, leer y hacer todo cuanto normalmente hace, pero usará la luz decreciente para imitar a la naturaleza y permitir que la glándula pineal comience su producción vespertina de melatonina. Si además dispone de luz de espectro completo, mucho mejor.

4. Para muchos empleados del sector de la sanidad, de protección ciudadana o de fábricas es inevitable tener que trabajar en el turno de noche. Estas personas deben reestructurar sus vidas para crear un entorno natural. Aproveche la luz brillante que su empleo posibilita, si es el caso. Si no, planifique los períodos de sueño de acuerdo con los momentos en que pueda exponerse a ella.

Por otra parte, puede convertir su dormitorio en una cámara de noche artificial. Coloque cortinas opacas en las ventanas. Si no las encuentra, adquiera una tela negra opaca, que impedirá el paso de la luz. Quizá halle lo que necesita en tiendas para fotógrafos profesionales, ya que este material se usa en cámaras oscuras que tienen ventanas.

Si no sabe coserlas, encárguelo a alguien. O bien cubra las ventanas de su dormitorio con la tela y selle las esquinas con cinta americana, material utilizado por fotógrafos y disponible en muchos comercios de fotografía. Después puede cubrir la tela con las cortinas que le gusten, las más opacas que pueda encontrar. También es buena idea usar un antifaz para dormir, ya que evitará que sus ojos capten la luz y ayudará a su reloj biológico a acompasarse con su turno de trabajo.

5. La luz brillante es crucial, sea cual sea su espectro. Aproveche las ventanas. Cuanto más cerca trabaje de una fuente de luz brillante, mejor. Si puede elegir entre una disposición en compartimientos o una oficina en que los empleados puedan sentarse junto a las ventanas, debería escoger siempre esta última opción. Algunos empresarios temen que sus empleados se distraigan mirando por las ventanas. Aunque esto puede suceder, el ligero descenso de la productividad queda paliado por las ventajas de exponerse a la luz solar. Por desgracia, demasiado a menudo en las empresas estadounidenses la utilización eficiente del espacio prevalece sobre la salud de los trabajadores.

LA GLÁNDULA PINEAL

Antes he mencionado la melatonina, la hormona necesaria para que el cuerpo haga un uso adecuado de la luz. La melatonina se crea en el tubo digestivo, pero como ya hemos visto la glándula pineal actúa como su disparador químico.

Los ojos son cruciales para el funcionamiento de la glándula pineal. Cuando despertamos por la mañana y la luz llega a nuestros ojos, algunos se levantan de un salto, totalmente despiertos, felices y contentos. Otros, en cambio, salen de la cama de mala gana maldiciendo el brillo de la luz y preguntándose cómo es posible estar de buen humor antes del mediodía. En cualquiera de los casos, en cuanto la luz llega a los ojos la glándula pineal dispara la producción de melatonina, de modo que hasta el más grogui se ve bioquímicamente obligado a despertarse.

El proceso se invierte cuando cae la noche. Con la falta de

luz, la glándula pineal comienza a fabricar nueva melatonina. Se siente usted relajado y tiene sueño mientras su cuerpo se prepara para el descanso y la recuperación después de la jornada. Esta recuperación alcanza su cota máxima a la hora más oscura de la noche, hacia las dos o las tres.

La actividad limita hasta cierto punto los efectos de la melatonina. Quien gusta de salir de juerga hasta que cierran los bares y clubes nocturnos obliga a su melatonina a soportar su deseo de permanecer despierto. Los trabajadores del turno de noche, que raras veces disponen de luz brillante, van en contra de la bioquímica del cuerpo. Por esta razón la mayoría de los accidentes de circulación en que sólo se ve implicado un vehículo, y cuya causa no es el alcohol, las drogas o cualquier otra sustancia que dificulte el juicio, suceden entre las tres y las cuatro y media de la noche. En ese momento el nivel de melatonina está en el punto en que la necesidad de dormir es urgente y el agotado conductor se estrella.

Recientemente la melatonina se ha popularizado como una píldora natural para dormir. Muchas publicaciones comentan sus propiedades para reajustar nuestro reloj biológico y exhortan a los viajeros a tomarla cuando hayan de cruzar franjas horarias, ya que un suplemento de melatonina tomado aproximadamente una hora antes de acostarse reajustará su cuerpo de la misma manera que usted reajusta su reloj de pulsera. Aunque este uso como píldora natural para dormir y corrector del reloj biológico es importante para la salud, su papel principal como remedio salvador radica en sus otras propiedades.

Al parecer la melatonina ralentiza o previene algunas de las enfermedades más comunes causadas por el envejecimiento, sobre todo al actuar como un antioxidante. El problema es que, al hacernos mayores, la glándula pineal fabrica menos melatonina y nos deterioramos cada vez más deprisa. Normalmente la glándula pineal empieza a fallar cuando cumplimos cuarenta o cincuenta años y reduce su acción hasta que deja de producir melatonina. La toma de suplementos invierte este proceso. Esto significa que, cuando un adulto comienza a consumir suplementos de melatonina, su calidad de vida mejora, y disminuye el riesgo de que contraiga una enfermedad grave. La falta de melatonina contribuye sobremanera a la aparición de la senilidad, la degeneración de la enfermedad de Alzheimer, la expansión de numerosos cánceres y otros problemas.

A lo largo de este libro se encontrará con frecuencia con el término «antioxidante». Su función es neutralizar los efectos negativos de los radicales libres, otro término que aparecerá aquí a menudo.

LOS RADICALES LIBRES

El término «radical libre» quizá le recuerde algún reportaje sobre manifestaciones en China para reclamar la puesta en libertad de disidentes encarcelados. En realidad el «radical libre» biológico es algo que puede ser corrosivo y perjudicial para su salud. El término es relativamente nuevo. Hasta 1969 los biólogos creían que las enfermedades provenían del exterior de nuestro cuerpo: pensaban que entraban por los poros, la boca y los conductos nasales. No se fabricaban en nuestro interior, como había sugerido el doctor Denham Harman, un investigador pionero en este ámbito. Se burlaron de él porque creía que tanto las enfermedades como el envejecimiento podían deberse a procesos internos, además de a agresiones procedentes del exterior del organismo. Sin embargo, quince años después de que postulara su «herejía» respecto a los radicales libres, empezamos a comprender qué quería decir. Y hoy no sólo sabemos la verdad, sino que contamos con medios para tratar el problema.

El descubrimiento, en 1969, era tan técnico que apenas se le prestó atención en la prensa no científica. Unos investigadores que estudiaban los glóbulos rojos aislaron una proteína del cobre que no tenía una función conocida y, tras análisis posteriores, afirmaron que se trataba de una enzima que unía dos radicales de superóxido. Estos componentes de radical libre son necesarios para la normal utilización del oxígeno (que fue lo que les llevó al descubrimiento). Los radicales libres pueden activar hormonas e iniciar reacciones que destruyen bacterias y virus. Si consiguiéramos mantenerlos trabajando en estas tareas, no nos causarían ningún problema.

Pero tienen un lado negativo. Por ejemplo, pueden hacer que los glóbulos blancos detengan su producción de organismos que combaten enfermedades. Su acción se ha comparado con la del óxido en un coche. Al sufrir el efecto de la sal de roca y otros materiales destructivos similares, el automóvil acabará destruido al cabo de un tiempo. En cuanto el metal queda expuesto, aparecen manchas de óxido que crecen y en ocasiones producen agujeros y terminan por separar el cuerpo de su carcasa.

Los radicales libres perjudiciales atacan la superficie de la membrana celular, que protege al vital ADN de los ataques exteriores. Y una vez que el ADN se encuentra en peligro, las células dañadas son incapaces de dividirse y reproducirse. En ese momento el cuerpo corre el riesgo de sufrir artritis, enfermedades cardíacas, cáncer y otros problemas que antes considerábamos «naturales» y propios del envejecimiento. Si es usted joven cuando los radicales libres asaltan su ADN, puede incluso transmitir el daño a la siguiente generación durante el embarazo.

Por desgracia, tenemos que exponernos a los radicales libres peligrosos si queremos obtener los radicales libres buenos. Por ejemplo, los rayos ultravioleta del sol provocan de modo natural la creación de radicales libres malos. Pero no recibir suficiente luz solar cada día representa una amenaza para nuestro sistema inmunológico, ya que la glándula pineal puede no producir suficiente melatonina para ayudar al cuerpo a mantener alejada la enfermedad y posponer los aspectos degenerativos del envejecimiento.

Podemos controlar la exposición a los radicales libres naturales mediante precauciones tan sencillas como usar crema protectora y llevar gafas de sol con lentes que impidan el paso de la UV (luz ultravioleta). En cambio las causas no naturales de los radicales libres exigen que modifiquemos nuestro estilo de vida. Entre las causas no naturales de los radicales libres perjudiciales está el humo de los cigarrillos inhalado tanto por fumadores como no fumadores y, aunque muchos científicos debaten si el que aspiran estos últimos es realmente responsable de enfermedades pulmonares y cardiovasculares, no hay duda de que crea radicales libres malos. La cuestión no es si todos nos veremos afectados, sino más bien de qué modo nos afectará.

Otras fuentes de radicales libres dañinos son el alcohol, los pesticidas, herbicidas, disolventes, asbestos, humo de madera, ozono y dióxido de sulfuro. En otras palabras, a pesar de que la suya sea una vida idílica en una zona residencial, con un gran jardín lleno de árboles y un huerto donde cultivar algunas verduras, es posible que también se halle en peligro. Los pesticidas que usa para proteger sus plantas, la parrilla en que prepara la comida en verano, los materiales que utiliza para cuidar su casa y las bebidas que tanto le gusta tomar en el jardín al atardecer pueden exponerle a la acción perjudicial de los radicales libres.

¿Es muy grave el asunto? Hace unos años el *New York Times*

informó de que en Rusia, una nación industrializada con escaso control sobre el medio ambiente, la expectativa de vida era de 57,3 años, catorce menos que en Estados Unidos. Se sospecha que una de las razones es la elevada exposición de sus habitantes a los radicales libres perjudiciales, debido a la nula atención prestada a las sustancias contaminantes. Por ese motivo las personas preocupadas por el medio ambiente critican que los alimentos reciban radiaciones y que en nuestra alimentación las grasas y otros elementos se sustituyan por sustancias químicas. Temen, entre otras cosas, un aumento de variantes peligrosas de los radicales libres.

LOS ANTIOXIDANTES

El desequilibrio de las moléculas sanas se denomina estrés oxidativo y es la causa más frecuente de daños en el cerebro. De hecho, en el momento en que escribo esto muchos investigadores creen que el estrés oxidativo puede ser la primera causa de la enfermedad de Alzheimer. Incluso si se demuestra que no es así, sí es cierto que el estrés oxidativo exacerba y acelera afecciones como la enfermedad de Alzheimer.

El daño en el cerebro se advierte con facilidad porque éste es el órgano más grande que requiere moléculas de oxígeno para funcionar de manera adecuada. Sin embargo, si ha experimentado usted alguna de las diversas formas de cáncer, cataratas, enfermedades cardíacas o cualquier otra de las muchas enfermedades aparentemente no relacionadas con el cerebro, lo más probable es que sea víctima de los radicales libres. Incluso uno de los llamados «estragos de la edad», como las arrugas, se debe en gran medida a los radicales libres. Fíjese en que a menudo la gente que fuma cigarrillos, puros o pipas presenta una tez de aspecto más juvenil unos meses después de haber dejado el tabaco.

No cabe duda de que es importante reducir las formas de radicales libres causadas por los humanos. De todos modos, por muy grandes que sean nuestros esfuerzos en ese sentido, tendrán que pasar muchos años hasta que consigamos resultados apreciables. Mientras tanto, hemos de confiar en los antioxidantes, moléculas que actúan como donantes de electrones. Su misión consiste en estabilizar las moléculas de radicales libres del organismo sin dañar las sanas. ¿Cómo adquiere el cuerpo los antioxidantes? Pues justo como decía mamá: «Comiendo fruta y verdura.»

Muy bien. Sin embargo no resulta tan sencillo en la sociedad actual, donde los alimentos que comemos no pasan de nuestro huerto a la mesa. Debemos consumir frutas y verduras frescas para tener una alimentación sana, pero podemos sustituirlas por nutrientes que constituyen las fuentes primordiales de los antioxidantes: la hormona de la melatonina y los suplementos vitamínicos comunes (A, C y E). En esta sección nos centraremos en la melatonina y en sus propiedades antioxidantes.

El oxígeno, como el agua, tiene su lado bueno y su lado malo. ¡Vaya paradoja! El cuerpo quema oxígeno para crear energía y toda una serie de productos asociados, de una manera parecida a la leña que quemamos para obtener calor. Encienda un leño y podrá tener calor en una noche fría, cocinar sus alimentos y mantener alejados a muchos animales peligrosos si es que está de acampada. Pero también saldrá humo, y ese humo le irritará los ojos, la nariz, la garganta y los pulmones, además de dañar la atmósfera.

Los productos asociados a la combustión de oxígeno por parte del cuerpo se denominan especies reactivas al oxígeno (ERO). Son el equivalente al humo perjudicial de la fogata.

Las ERO son lo que hasta ahora hemos llamado radicales libres. En la órbita más externa del radical libre hay un electrón sin pareja, motivo por el cual quiere robar otro electrón o incluso un átomo de hidrógeno.

Como resultado final existen muchas variantes. Las ERO podrían abrirse paso por la pared protectora de la célula, o bien tomar un trocito de ADN de su núcleo o dañar su fuente de energía, con lo que alterarían la química de lo que se conoce como mitocondria.

Una sola ERO es nociva, y lo más preocupante es que cada segundo se generan millones de radicales libres en el cuerpo. Los antioxidantes neutralizan a los que son perjudiciales al modificar su estructura molecular. Si cuenta con una reserva suficiente de antioxidantes en su cuerpo, el daño que puedan provocar los radicales libres se minimizará y su salud mejorará.

Más adelante veremos cuántos de los remedios naturales que salvarán su vida son antioxidantes o agentes que simulan la defensa del antioxidante frente a los radicales libres. La medicina del siglo XXI confiará cada vez más en las propiedades de los antioxidantes y menos en los fármacos. Por supuesto, ésta es una razón por la que las empresas farmacéuticas han emprendido campañas publicitarias intensivas para vender directamente al consumidor. Los anuncios le aconsejan que «consulte con su médico» acerca de tal medicamento en casos de enfermedades leves, pero no explican que, a pesar de que estos fármacos pueden funcionar, también pueden potenciar los radicales libres perjudiciales para su cuerpo. A menos que se requiera ineludiblemente tratamiento médico, es mejor utilizar las alternativas naturales que provocan los cambios químicos necesarios sin crear radicales libres perjudiciales para el organismo.

Ocurre algo parecido con los medicamentos que se venden para combatir los parásitos de los perros. De hecho son un veneno que, en dosis elevadas, mataría al animal, pero la cantidad que contienen elimina antes al parásito. La medicación se detiene en cuanto éste ha desaparecido y antes de provocar un daño al perro, pero ya se ha introducido en su cuerpo una pequeña dosis de veneno.

En algunos casos, dado el estado actual de conocimientos, quizá sean pocas las alternativas a los fármacos. Cuanto más aprendamos respecto a los remedios naturales que se han demostrado seguros y eficaces durante siglos, antes lograremos reducir el uso de los medicamentos. Tal vez un día nuestra dependencia actual respecto a los medicamentos y la resistencia de muchos médicos a tener en cuenta los remedios naturales se considerarán obstáculos para el cuidado de la salud.

LA LUZ Y LA MELATONINA

Ahora que comprende mejor los antioxidantes, los radicales libres, la glándula pineal y la melatonina que ésta produce, así como el uso que su cuerpo hace de la luz, pasemos a analizar el primer remedio natural.

La luz

La luz solar y su equivalente más próximo, la luz de espectro completo, son esenciales para prevenir y curar enfermedades. Cualquiera que sea su dolencia actual o futura, recurra a la luz como elemento necesario para su curación.

Utilícela cada día del modo que mejor sirva a su glándula pineal. Disponga de bombillas de espectro completo en tantas habitaciones como le sea posible. (Pueden ser tubos fluorescentes o bombillas, y se usan igual que las tradicionales bombillas incandescentes.) Instale interruptores reguladores de la luz donde sean adecuados, de manera que pueda tener luz intensa durante el día y más tenue por la noche.

Descorra las cortinas y suba las persianas con el fin de permitir la entrada de luz natural. Pasee durante el día aun cuando haga mal tiempo.

Sus ojos necesitarán protección contra los UVA y UVB (las dos formas diferentes de luz), pero eso no significa que deba usar gafas de sol tintadas en exceso. Conviene recibir el espectro completo de la luz eliminando sólo los rayos ultravioleta, potencialmente nocivos.

Utilice la luz del día como estimulante. Si se halla en su oficina, fábrica, escuela u otro edificio en cuyo interior deba permanecer la mayor parte del tiempo, haga descansos y salga. Un corto paseo de cinco minutos a la luz del día le servirá como estimulante emocional.

Camine cada día a paso rápido durante al menos veinte minutos. Si no le es posible, procure realizar alguna actividad física en casa (con una bicicleta fija o una cinta para correr), en una habitación con luz brillante y de espectro completo.

El ejercicio fortalecerá su sistema cardiovascular y sus pulmones, además de mejorar su capacidad para combatir los radicales libres perjudiciales. Por otro lado, actuará como tranquilizante natural, y se sentirá usted más vigoroso y tranquilo.

Los suplementos de melatonina

El momento más indicado para tomar los suplementos de melatonina es un par de horas antes de acostarse, ya que entonces la luz del hogar es más tenue que durante el día. Si es usted joven y, por tanto, su glándula pineal funciona a pleno rendimiento, la luz tenue estimulará la producción natural de esta hormona. Si su glándula pineal comienza a fallar o ha dejado de funcionar, los suplementos le ayudarán a reproducir las funciones de la juventud que prolongarán su buena salud. Esto significa que su reloj biológico se ha activado para garantizarle un adecuado descanso nocturno incluso si ha cambiado de zona horaria durante un viaje. Asimismo mantendrá su colesterol y su presión arterial en los niveles normales, con lo que se reducirá el riesgo de padecer enfermedades cardíacas. Más importante aún, restaurará su sistema inmunológico.

Gran parte del trabajo de curación del cuerpo se lleva a cabo mientras usted duerme, lo que explica por qué los enfermos necesitan descansar más. Las investigaciones al respecto indican que el sueño, unido a los suplementos de melatonina, ayuda al sistema inmunológico a destruir las células que de otro modo provocarían un cáncer, sobre todo de mama y próstata.

La melatonina también actúa como un agente que limpia y aguza el cerebro. Las células de los nervios, que se deterioran a medida que envejecemos, en parte debido al declive de la producción de hormonas por la glándula pineal, se fortalecen gracias a la melatonina. Ésta ayuda además a la creación de caminos alternativos para las células nerviosas, con lo que se evita que los antiguos se sobrecarguen.

Si usted está expuesto con frecuencia a la radiación de campos electromagnéticos (CEM), obtendrá otro beneficio de la melatonina. Existen muchas fuentes de CEM en mayor o menor grado, entre ellas los monitores de ordenador y las pantallas de televisión, así como los cables de alta tensión. De hecho, la industria eléctrica lleva años en el punto de mira de los granjeros que en muchos casos deben compartir grandes extensiones de campo con torres de alta tensión y líneas de alto voltaje. Existen pruebas de que los CEM afectan a la salud del ganado que pasta en estas áreas y de la gente que habita allí. Hasta ahora, sin embargo, estas pruebas son anecdóticas, y aún no se han realizado estudios concluyentes al respecto.

Quizá le sorprenda saber que las mantas eléctricas también generan CEM. (Estas mantas son muy populares entre las parejas que tienen hábitos diferentes, ya que suelen constar de dos piezas, una para cada cónyuge.) El problema estriba en que envuelven al durmiente en un campo de radiación electromagnética durante ocho horas cada día.

Aunque no se conocen los daños específicos que ocasionan los CEM, preocupa que puedan reducir la producción de melatonina. Ello explicaría por qué las personas expuestas a dicho campo tienen un sistema inmunológico menos eficaz. Creo que los efectos nocivos de los CEM pueden contrarrestarse con suplementos de melatonina.

Quizá sea aún más importante la relación entre la melatonina y la edad. Todos deseamos encontrar la fuente de la juventud que una vez buscara Ponce de León en la región hoy conocida como Florida; hallar un surtidor de agua dadora de vida que elimine los estragos de la edad. Opino que la diferencia entre una persona de cien años y otra de veinticinco debería medirse por la sabiduría acumulada a lo largo del tiempo, más que por el deterioro del cuerpo. Sin embargo, todos queremos vivir los años que nos quedan lo más sanos y productivos que sea posible, razón por la cual deberíamos prestar atención a la melatonina. Fortalece el sistema inmunológico, reduce o elimina los riesgos de desarrollar cataratas, mantiene despierta nuestra mente y en general permite tener una vida rica y plena. Sin melatonina, la calidad de vida empeora e incluso existe el peligro de una muerte temprana causada por enfermedades que pueden prevenirse.

Ventajas Asociadas

La melatonina estimula la producción de tres hormonas clave para el cuerpo: testosterona, estrógeno y adrenalina, todas ellas determinantes para la vida sexual. Por tanto, un efecto secundario muy agradable de los suplementos de melatonina es el mantenimiento de una libido saludable o bien la recuperación del deseo sexual si hubiera decaído.

¿Puede esto salvarle la vida? Conozco casos de muchachos que tratan de convencer a chicas adolescentes de que el sexo es, de algún modo, esencial para la buena salud. En los últimos años de la década de 1770 y en la siguiente, cuando Benjamin Franklin trabajaba para los colonialistas en Passy, Francia, utilizaba argumentos similares para sus conquistas. El brillante hombre de Estado, inventor y editor, que fue además un contumaz seductor hasta la edad de setenta años, escribió a una mujer de Passy que cuando era joven y todas las damas accedían a acostarse con él, se sentía plenamente sano. Ahora padecía gota, explicaba, porque el objeto de su amor rehusaba tener relaciones sexuales con él. Por tanto, era muy importante que esa mujer se acostara con él para que se recuperase.

El intento no tuvo éxito, pero su argumento estaba en cierto modo fundado. Tener una relación de compromiso con otra persona contribuye a gozar de buena salud. Los estudios demuestran que las parejas que se aman tienen una vida más larga y menos problemas de salud que quienes viven solos. El aspecto físico del matrimonio, unido al compromiso emocional, favorece el sistema inmunológico. Por tanto, algo que puede sonar sólo hedonista es, por el contrario, un elemento tan importante como gozoso para su salud.

Precauciones

Muchos medicamentos están diseñados para copiar la química natural del cuerpo humano. Existen fármacos ideados para fortalecer el sistema inmunológico, aumentar la producción de hormonas, reducir la presión arterial y hacer todo lo que la melatonina realiza de modo natural. Si usted toma las dos cosas (melatonina y medicamentos) podría suceder que su cuerpo reciba una cantidad excesiva, una sobredosis. Lo mismo sucede con los fármacos que influyen en el estado de ánimo, como el Prozac y el Valium. Incluso el consumo habitual de aspirina puede resultar problemático.

Si su médico le receta un fármaco y usted toma melatonina, coménteselo. En algunos casos ésta será suficiente, quizá en una dosis más alta. Recomiendo de 1 a 2 miligramos como dosis básica para personas de entre cuarenta y sesenta años. Algunas personas de más edad necesitan mayor cantidad, pero nunca más de 5 miligramos. Si usted y su médico consideran que a corto plazo el medicamento es importante, debe interrumpir durante un tiempo el consumo de melatonina, reducir la cantidad diaria, o someterse con regularidad a un examen médico. Consulte siempre a su médico y su farmacéutico. Muchos farmacéuticos tienen más conocimientos que los doctores en tales asuntos.

Además, actúe con gran precaución y hable con su médico antes de tomar suplementos de melatonina si amamanta a un bebé, tiene problemas de fertilidad o sufre desórdenes hormonales, depresión u otro trastorno psiquiátrico, cáncer, enfermedades inmunológicas o alergias. Si bien la melatonina puede ayudar a prevenir algunas afecciones y situaciones no deseadas, también es posible que interfiera en algunos tratamientos.

Los niños y los adolescentes (hasta los veinticinco años) *nunca* **deben tomar melatonina.**

No está demostrado que todos necesitemos tomar con regularidad suplementos antes de cumplir los cuarenta. La única excepción es la del viajero (el piloto de vuelos internacionales y las azafatas) que cruza con asiduidad zonas horarias. Si éste es su caso, comente a su médico el uso de melatonina como ayuda para conciliar el sueño y como medio para ajustar su reloj biológico. No dude en recurrir a un antifaz a la hora de dormir para impedir que sus ojos perciban la luz. Quizá piense que parece un personaje de las viejas películas del Oeste, pero si de ese modo el interruptor de la glándula pineal funciona bien, merece la pena usarlo.

EL AGUA

Como hemos comentado, las tres terapias alternativas básicas son los tres elementos básicos: luz, agua y aire. La luz es, con diferencia, el más complejo. Lo que hemos descubierto en los últimos años ha supuesto una sorpresa para los investigadores y un extraordinario beneficio para todos los que nos preocupamos por nuestra salud.

El agua es el menos complejo. La necesitamos para sobrevivir. Nuestro cuerpo se compone en un 70 por ciento de agua. El organismo de un adulto tiene aproximadamente 72,688 litros de agua. Si no supliéramos nuestras reservas al cabo de dos o tres días, moriríamos casi con toda seguridad. Podemos pasar sin comer un mes o más. Podemos prescindir de la luz, aunque ello tuviera consecuencias negativas para nuestra salud. Sin embargo, no ingerir agua durante sólo unos días significa la muerte.

Hace unos años los médicos recomendábamos a nuestros pacientes que bebieran mucha agua (unos ocho vasos de 225 gramos al día), convencidos de que era un buen consejo. Hoy disponemos de más información. Sabemos no sólo que la necesidad de agua aumenta con la edad, debido a razones que aún no se han dilucidado por completo, sino que además las reservas de agua de nuestro país se han vuelto cada vez más tóxicas. La mayor parte del agua que consumimos, antes de llegar a nuestros hogares, se somete a un proceso especial que puede entrañar algún riesgo. ¡Todos deberíamos saberlo!

Los Peligros

En 1988 el Departamento de Salud Pública de Estados Unidos realizó por primera vez un estudio sobre contaminación del agua, y se descubrió que el 85 por ciento de la que había en el país estaba contaminada en algún grado. Entre los agentes contaminantes se incluyen los desechos humanos y animales, o el cloro, el flúor y el amoniaco tóxico, aditivos usados con el fin de purificarla o mejorar su calidad. Además, debido al descuido con que se procesa, el agua de algunas ciudades, incluidas las mayores, contiene hasta quinientos parásitos, virus y bacterias diferentes, cada uno de los cuales es capaz por sí solo de provocar una enfermedad.

Uno de éstos, el criptosporidio patógeno, se ha mencionado en noticias de prensa referidas a la contaminación del agua en las ciudades más importantes. En 1993 se sospechó que la epidemia que afectaba a 370.000 habitantes de Milwaukee (Wisconsin), así como la muerte de 142 personas, estaba asociada con la contaminación. Entre 1986 y 1996 hubo seis brotes confirmados de diarrea, deshidratación y graves espasmos estomacales, con peligro de muerte, que afectaron a siete millones de personas, y todo por un parásito unicelular que podía haber sido fácilmente eliminado del agua con un buen sistema casero de purificación. (¡ATENCIÓN! Existen en el mercado muchos purificadores de agua que se atribuyen propiedades beneficiosas. Sin embargo, la calidad de la mayoría de ellos es limitada e incluso algunos de los mejores no proporcionan la protección necesaria. Una vez analicé algunos de los 4,6 millones de unidades de purificación casera que se vendie-

ron en Estados Unidos en 1994 —la información de los fabricantes los separaba por tipos, lo que facilitó mi labor— y
descubrí que tan sólo uno de cada diez impedía que el criptosporidio entrara en el organismo.)

Otro contaminante encontrado con frecuencia en el agua,
según estudios realizados en el Instituto de Tecnología de Mas-
sachusetts, es *Helicobacter pylori*, que se cree contribuye a la
formación de úlceras y cánceres de estómago.

Incluso las ciudades que consumen agua de pozos o de origen subterráneo han tenido que enfrentarse a ciertas dificultades. En algunos casos, las plantas de procesamiento que en el
pasado fueron idóneas crean ahora más problemas que beneficios. Quizá ha leído que la industria de chips para ordenadores ha abandonado el Silicon Valley de California para estable-
cerse en otras regiones. Existen razones económicas decisivas
que explican este traslado, pero un factor determinante es que
la fabricación de chips y piezas similares para ordenadores
hace un uso intensivo del agua y la contamina. Durante años
los desperdicios resultantes de esta industria se han vertido y
se han filtrado a los ríos, arroyos y otras vías fluviales. En muchos casos la contaminación alcanzó tal gravedad que a la
empresa le resultaba más barato instalarse en otro lugar que
limpiar todo el destrozo. ¡Pero los que se quedan allí tendrán que hacer frente a enfermedades que se presentarán a
largo plazo!

En Tucson (Arizona) hace casi dos décadas una fábrica con-
taminó el agua de los pozos. Los veterinarios fueron los primeros en percatarse del problema al atender a perros con piedras
en el riñón y otras enfermedades que sabían guardaban relación con el agua que habían bebido. Dado que la fisiología de
estos animales es similar a la de los humanos, la observación
sirvió como advertencia a los ciudadanos de Tucson, que empezaron a utilizar agua destilada para beber y cocinar.

Hace pocos años se descubrió que hospitales, compañías farmacéuticas y otras empresas que utilizan sustancias que generan desechos con bajo nivel radiactivo arrojaron estos desperdicios a los desagües. No se trataba en absoluto de una práctica clandestina, ya que de hecho actuaban de acuerdo con leyes anticuadas que permitían estos vertidos. Sin embargo, ahora que sabemos que estos desperdicios llegaron a las reservas públicas de agua, sabemos también que el volumen acumulado puede resultar peligroso para la salud. A pesar de ello, algunas áreas de Estados Unidos todavía se ven afectadas por estos problemas.

Se puede decir casi con toda seguridad que no hay ninguna reserva de agua que esté totalmente libre de los contaminantes que contribuyen a producir cáncer u otras enfermedades degenerativas. El agua contaminada es una fuente muy importante de radicales libres, y sus peligros se agravan al unírseles los que entrañan las cañerías.

Hace unos años los médicos se percataron de que existía una elevada incidencia de intoxicaciones producidas por plomo en hogares donde no había pintura que contuviera tal material ni utensilios o platos decorados con pintura al plomo. Pronto descubrieron que la intoxicación podía deberse al plomo existente en las tuberías y sus junturas. Por fortuna, este problema ya se ha solucionado por completo.

Menos letal pero más insidioso es el problema de las depresiones observadas en ciudades como Nueva York, donde se han utilizado tuberías de cobre durante años. Las viejas cañerías de este metal se erosionan poco a poco y se filtran al agua rastros de cobre, con lo que se consume más cantidad de éste de la que necesitamos.

Esta ingestión adicional de cobre causó depresiones leves. La gente se notaba falta de entusiasmo en su vida personal y profesional y se sentía aletargada. Estaban tristes, cuando no había razón para ello, y los médicos que recetaban fármacos que alteran el estado de ánimo no lograron paliar la situación. Los enfermos empezaron a sentirse mejor cuando se eliminó del agua potable el exceso de cobre.

De hecho, en algunas de las ciudades más antiguas del este o medio oeste de Estados Unidos es posible que el agua contenga un exceso de cobre causado por el deterioro de las cañerías con el paso del tiempo. Quizá no haya la cantidad suficiente para teñir el agua o alterar su sabor, y tal vez tampoco para ocasionar enfermedades, pero sí para provocar una depresión leve, que como hemos visto contribuye a la deficiencia del sistema inmunológico.

No obstante, es esencial beber cada día grandes cantidades de agua, no de otro líquido. Mucha gente la sustituye por zumo de fruta, café, té y otras bebidas, sin darse cuenta de que no son equiparables al agua por muy saludables y nutritivas que sean. Quizá sacien su sed durante un rato, pero no lubricarán los órganos o partes móviles de su cuerpo ni cumplirán como el agua la misión de procesar la digestión, absorción y eliminación. No transportarán nutrientes por su cuerpo, ni disolverán toxinas, ni eliminarán desperdicios o venenos, como hace el agua pura.

La mayoría de la gente sufre a lo largo del día deshidratación leve sin siquiera percatarse, porque sacian su sed con otros líquidos. Debe tener presente que si padece resfriados, fatiga, estreñimiento, artritis, dolencias del riñón, de circulación o incluso dolores de cabeza frontales, quizá se deba a que no ingiere suficiente cantidad de agua. Aunque dicha carencia tal vez no constituya el único factor, el agua es tan importante que cuanta más beba (recuerde que una media de ocho vasos de 225 gramos al día es la cantidad adecuada para un adulto), más sano estará.

Clases de Agua

Agua dura. Contiene una elevada concentración de los minerales calcio y magnesio, posee un sabor peculiar y dificulta que el jabón forme espuma. Deja una película de sedimento en todo cuanto se lava con ella, desde la ropa hasta el cabello.

Ciertos estudios han demostrado que las regiones cuya agua es de esta clase tienen una incidencia reducida de enfermedades cardíacas, pero estas investigaciones no son concluyentes y no tienen en cuenta los efectos potencialmente negativos del calcio sobre el corazón, las arterias y los huesos. (ADVERTENCIA. El calcio ingerido que procede de los alimentos tiene un efecto positivo para los huesos y el sistema vascular; se deposita dentro de los huesos, con lo que ayuda a construirlos y fortalecerlos. Los depósitos de calcio y otros minerales provenientes del agua dura se quedan fuera de los huesos. Esto no es beneficioso.)

Agua blanda. Existen dos formas de agua blanda. La primera es la naturalmente blanda. La segunda es agua dura tratada para extraer de ella el calcio y el magnesio. Por desgracia, dicho proceso ocasiona además un deterioro de las cañerías, ya que el tratamiento para ablandar artificialmente el agua provoca que se introduzcan en ella cobre, zinc, hierro, arsénico, plomo y cadmio. El mayor peligro proviene de las tuberías galvanizadas, existentes en algunos edificios viejos. En cualquier caso, el agua ablandada de forma artificial no es tan segura como la dura o la blanda natural existente en la mayoría de las comunidades.

Agua del grifo. Muchos damos por sentado que el agua corriente es limpia y segura. Los sistemas de tratamiento de agua son uno de los usos primordiales a que se destinan nuestros impuestos, y muchos trabajadores de este sector se enorgullecen de la calidad del agua que producen a través de una serie de pasos de purificación a que la someten antes de que llegue a nuestros grifos. Sin embargo, existen muchos factores que quedan fuera de su control. De hecho, sólo en dos años (1994 y 1995) el Consejo para la Defensa de los Recursos Naturales encontró que 45 millones de estadounidenses que utilizaban 18.500 sistemas diferentes consumían agua tan contaminada que 900.000 enfermaron y 100 fallecieron.

Parte del problema reside en que los estándares de agua purificada para las comunidades suelen medirse en función de las cantidades individuales de cada clase de contaminante: puede usted encontrar en su agua una cantidad determinada del contaminante A y otra del contaminante B. Sin embargo no se considera qué acumulación total de estas sustancias peligrosas puede suponer un riesgo elevado para la salud.

Tomemos el cloro como ejemplo. A principios de este siglo empezó a añadirse cloro al agua potable, lo que mejoró sobremanera su seguridad respecto a la que se consumía antes. Sin embargo, las cantidades de cloro utilizadas varían no sólo entre poblaciones sino a veces también dentro de una misma comunidad y, si bien elimina las bacterias causantes de enfermedades, uno de sus efectos secundarios, que hemos conocido recientemente, es que puede provocar cáncer. Dado que el riesgo depende de la cantidad de cloro, la Agencia de Protección Medioambiental se plantea establecer una dosis máxima con el fin de proteger mejor a la población. No obstante, se desconoce si el descenso resultante del riesgo de cáncer quedará ensombrecido por un incremento del riesgo de contaminación bacteriológica.

Fluoración. Quizá recuerde usted la polémica de los años cincuenta respecto a la adición de flúor al agua potable. Se sabe desde hace tiempo que es un veneno, pero también una sustancia química que protege los dientes de la caries. Por esta razón se utiliza en muchas marcas de pasta dentífrica y los dentistas recomiendan tratamientos ricos en flúor para niños y algunos adultos. Esta sustancia se encuentra de forma natural en ciertos manantiales, y éste fue uno de los datos que esgrimieron los primeros defensores de la fluoración para justificar su aplicación a todas las reservas de agua.

Hoy en día, después de muchos años de consumir agua fluorada, ningún estudio ha demostrado que su uso consiga que los huesos y dientes sean más fuertes. Por el contrario, se ha apuntado que puede provocar daños y manchas en los dientes además de otros problemas como osteomalacia y osteoporosis.

A esto se añade la reciente atención que se presta al modo en que se añade el flúor a las reservas de agua. A menudo el método consiste en agregar dos sales, el fluoruro sódico y el ácido fluorosalicílico, que son dos productos industriales, no sustancias naturales. Cuando no se utilizan para «mejorar» nuestra reserva de agua, se incorporan en productos comerciales como insecticidas y venenos para ratas. Por supuesto, las cantidades empleadas son muy diferentes, pero no cabe duda de que la bondad de dichas sales reside en el daño que pueden producir, no en los beneficios. De hecho, existen pruebas de que la incidencia de síndrome de Down y cáncer es más elevada en algunas comunidades donde la cantidad media de flúor que se aplica al agua es más alta.

En consecuencia, opino que deberíamos dejar de fluorar el agua. Cada uno de nosotros tiene una fisiología única, por lo que, a pesar de que estableciéramos qué cantidad de flúor es segura para cada persona, resulta imposible fijar la cantidad estándar para los miles o millones de personas que habitan en nuestras ciudades.

Agua mineral. Procede de manantiales naturales y es muy popular en Canadá y Europa. Cuando se presenta embotellada, el proceso de embotellamiento debe efectuarse donde el agua fluye libremente, no extraerla mediante bombeo. Contiene minerales, aunque las cantidades varían según el manantial. Por tanto, es beneficiosa si padece usted alguna deficiencia de minerales, pero sólo si escoge aquella que contiene los que usted necesita. Dado que en la etiqueta no se relacionan los minerales, sólo puede informarse al respecto realizando un costoso análisis. Peor aún, algunas de estas aguas proporcionan grandes cantidades de minerales que no se necesitan, y un exceso de sodio, por ejemplo, puede provocar efectos secundarios como edemas, hipertensión y fallos del corazón por coagulación de la sangre.

Las aguas minerales suelen estar carbonatadas. Por esta razón los embotelladores de aguas de soda o gaseosas tienden a bautizar algunas de sus bebidas como aguas minerales en cuanto les añaden fosfatos sódicos, bicarbonatos y citratos. Dado que estos comerciantes parten en realidad de agua corriente que ha pasado por un proceso de destilación o ha sido filtrada, sus productos no son equiparables al agua mineral natural.

Agua mineral natural. Este término resulta familiar para todos cuantos tenemos cerca algún depósito de agua fresca. Cuando los proveedores dicen que el producto es «natural», se refieren tan sólo a que el contenido de minerales no se ha alterado. Lo que no explican es si el agua se ha filtrado o procesado de algún modo. Tampoco informan de su procedencia.

En términos legales, el agua de manantial es aquella que brota a la superficie proveniente de un depósito subterráneo. Por lo general es buena, pero algunos depósitos están contaminados. Además mucha gente contamina el agua al no limpiar de forma adecuada el refrigerador en que está almacenada. Una limpieza apropiada requiere que al menos una vez al mes se enjuaguen tanto el depósito como los grifos con una mezcla en cantidades iguales de peróxido de hidrógeno y bicarbonato sódico. A continuación se lava todo el sistema con al menos 18 o 20 litros de agua corriente. Sólo después de haber hecho esto se debería colocar una nueva botella en el refrigerador. De otro modo, se reproducirían las bacterias, con el riesgo que esto comporta.

Una variante del agua de manantial es el agua con gas, que se vende a menudo como agua con gas natural o agua naturalmente carbonatada. La primera se carbonata en su fuente; su contenido mineral no ha sido alterado. La segunda se ha carbonatado lejos de la fuente.

Agua no natural. Por supuesto, al decir agua «no natural» estoy haciendo un chiste. Me refiero al agua que se ha procesado para eliminar algunas o todas sus propiedades perjudiciales. Las dos formas que solemos encontrar son el agua desionizada (llamada a veces agua desmineralizada) y la destilada al vapor.

En el proceso de desionización del agua se utilizan electrones para eliminar plomo, cadmio, calcio, bario, magnesio, nitratos y ciertas formas de radio. El agua destilada al vapor es aquella que ha sido sometida a vaporización. Cuando se hierve el agua, se convierte en vapor y de este modo se libera de casi todas las bacterias y virus. El vapor pasa luego por una cámara de condensación, en la que es enfriado y vuelve a transformarse en agua.

El agua destilada al vapor tiene una propiedad beneficiosa. Una vez ingerida, filtra los minerales inorgánicos del cuerpo (sodio, potasio, etc.). Estos minerales han sido rechazados por las células y los tejidos, pero pueden provocar un daño si se quedan dentro del cuerpo. ¡El proceso de filtración es bueno!

Qué beber

He estudiado muchos procesos y diferentes productos para limpiar el agua, así como numerosas clases de agua embotellada. En el curso de esta tarea he vivido la desagradable experiencia de descubrir que un proveedor local de agua de manantial que parecía excelente, en realidad embotellaba agua corriente del grifo y la etiquetaba de manera errónea.

Algunos sistemas de filtración caseros realizan un trabajo eficaz, pero son muy caros. Le recomiendo que compre agua destilada al vapor tanto para beber como para cocinar, y use la del grifo para su aseo y la colada. Es el modo más económico de evitar los problemas a que nos enfrentamos, ya que nuestra sociedad pone en peligro periódicamente la seguridad de nuestra agua.

CLASES DE AGUA COMO REMEDIO NATURAL

1. Considere siempre su consumo de agua destilada separado del de otras bebidas. Muchos líquidos son diuréticos, es decir, provocan pérdida de agua con la orina. Tal es el caso de la cafeína y el alcohol. Si bebe café, infusiones o chocolate caliente, es posible que su necesidad de agua se incremente, ya que ha de orinar con más frecuencia. (El agua destilada es la ideal, pero recurra a la del grifo o cualquier otra si es necesario.)

2. El agua fría rehidrata con más rapidez que la caliente o templada. Hace años los entrenadores deportivos creían que el agua fría era peligrosa, de modo que procuraban que los niños la tomaran a temperatura ambiente. Ahora sabemos que el frío hace que el agua se absorba antes y se utilice con mayor eficacia. Este fenómeno afecta a muchas criaturas, razón por la cual los veterinarios aconsejan que se dé a los gatos agua más bien fresca.

3. El consumo mínimo de agua al día debe ser de ocho vasos de 225 gramos, pero auméntelo a 225 gramos cada hora

cuando esté resfriado o padezca alguna otra dolencia respiratoria.

4. La sed indica la pérdida de al menos dos vasos de agua. Debería beber agua aun antes de sentir la sed, en especial si vive en una zona cálida y seca donde el tiempo que pasa entre el momento en que se siente la sed y una deshidratación grave es muy corto.

5. Beba agua a lo largo del día. Si es necesario, lleve consigo una botella de agua. Si debe conducir largo rato, guarde una botella congelada en una nevera para bebidas y llévela en el coche.

6. El cuerpo pierde agua mientras duerme, por lo que es una idea excelente, sobre todo a medida que se envejece, beber un vaso grande antes de acostarse y otro al despertar. Recuerde que comenzar la mañana con café o infusiones sólo hará que pierda más agua aún.

7. La cantidad de agua que se pierde a través del sudor es muy grande. Como ya sabe, transpiramos por diversas razones, no sólo al practicar un deporte. Estar un rato sentado al sol puede provocar una grave pérdida de fluidos. También se pierde humedad al realizar actividades físicas normales como cargar con algo pesado, subir por escaleras o pasear. En tales circunstancias beber unos vasos más probablemente le hará bien.

8. Ponga una fuente adecuada de agua en su despacho, escuela o donde haya de pasar el día. Haga pausas con regularidad para beber agua.

9. Haga pausas para beber agua mientras hace ejercicio, ya que eso no le perjudicará como creen algunos entrenadores.

EL AIRE

El tercer remedio natural, que en realidad es una serie de tratamientos conocidos como terapias bioxidativas, se encuentra todavía en fase experimental en Estados Unidos. Algunas se han aplicado con éxito en Europa durante décadas, y el resultado de ciertas pruebas realizadas en Estados Unidos ha sido tan prometedor en enfermedades que habían resistido otros tratamientos (cáncer, sida y ciertos desarreglos del sistema inmunológico) que creo esencial que usted las conozca. Al final de este capítulo encontrará las direcciones de tres centros de información por si desea conocer más sobre el tema.

Las terapias bioxidativas giran en torno a dos productos bien conocidos: el ozono y el peróxido de hidrógeno. El primero es una forma de oxígeno que contiene mayor número de electrones, lo que lo convierte a la vez en letal y en un instrumento poderoso para luchar contra la enfermedad.

El ozono, un gas azul pálido, posee tres átomos de oxígeno en cada molécula en lugar de los dos que constituyen el oxígeno. Se le conoce mejor como el escudo que protege de la perjudicial luz ultravioleta del sol y que está situado entre 15.000 y 30.000 metros de distancia de la superficie de la Tierra.

Su importancia se descubrió después de que la ignorancia humana creara los clorofluorocarbonos (CFC) para su uso en frigoríficos y en propulsores. Durante años muchos aparatos de aire acondicionado, frigoríficos, congeladores y aerosoles empleaban CFC, por lo que al cabo del tiempo su emisión a la atmósfera erosionó la capa de ozono, lo que provocó que aumentara el riesgo de cáncer de piel y otros problemas del sistema inmunológico. En la actualidad todas las naciones del mundo se han comprometido a eliminar el uso de los CFC con la esperanza de salvar la capa de ozono.

Sin embargo, el ozono es algo más que un gas que envuelve

la Tierra. Es el enemigo natural de los virus y bacterias. El hecho de que parezca no perjudicar a los humanos y los animales cuando se usa para procesar el agua potable ha llevado a muchas comunidades a abandonar la cloración y otros métodos asociados. En lugar de aplicar los a menudo ineficaces y peligrosos aditivos químicos, añaden ozono al oxígeno para que se una así al agua que beben. De este modo los virus y bacterias son aniquilados y los organismos que producen mal sabor u olor quedan neutralizados.

El ozono tiene además muchas aplicaciones desinfectantes y médicas. Por ejemplo, cuando toma una bebida embotellada, es posible que el interior del recipiente haya sido desinfectado con ozono. También se utiliza en plantas de reciclaje de residuos, donde oxida los compuestos para que sean inodoros. Destruye los virus del riego sanguíneo, mejora la circulación de la sangre y es útil en el tratamiento de cualquier dolencia, desde el glaucoma y la hepatitis hasta el sida. Sin embargo, estas aplicaciones médicas aún se consideran experimentales en Estados Unidos, a pesar de que su empleo es habitual en Europa.

El peróxido de hidrógeno, un líquido incoloro formado por el ozono que se mueve en el agua, se encuentra en cantidades pequeñas en la lluvia y la nieve y, en cantidades un tanto mayores, en muchas frutas y verduras. Entre las fuentes naturales de peróxido de hidrógeno que consumimos figuran los tomates, manzanas, sandías, naranjas y calabazas.

En el interior del cuerpo humano el peróxido de hidrógeno actúa como un oxigenador, ya que ayuda a repartir oxígeno en la sangre, los órganos y los tejidos. Además puede mejorar nuestra capacidad para usar eficazmente el aire que respiramos.

Al igual que el ozono, el peróxido de hidrógeno se ha utilizado para eliminar bacterias y microorganismos perjudiciales. Los granjeros lo añaden al agua que beben sus animales, pues al parecer aumenta tanto el volumen como la cantidad de manteca de la leche de vaca. Además destruye las bacterias de los grandes contenedores donde se almacena la leche. En la página 94 comento los efectos que produce añadir peróxido de hidrógeno al agua que bebemos; en estos momentos es un tratamiento extremadamente polémico y es preciso ser prudentes al respecto.

Sus aplicaciones médicas, a pesar de estar en fase experimental, son muy prometedoras. Por ejemplo, se ha usado para mejorar el oxígeno que recibe el corazón de un paciente que ha sufrido un infarto. Se sabe que reduce la formación de placa en las arterias, con lo que contribuye a mantenerlas limpias. Además es capaz de dilatar los vasos sanguíneos de todos los órganos, incluido el cerebro, lo que comportaría una considerable reducción o bien la eliminación del riesgo de infarto u otros daños cerebrales que antes se creían parte «natural» del deterioro producido por el envejecimiento. En los pulmones el peróxido de hidrógeno estimula el riego sanguíneo al aumentar la oxigenación y ayuda a eliminar materia extraña y tejidos dañados. Sin embargo, aún quedan cuestiones por resolver y no existe acuerdo sobre su empleo, de modo que hay que ser precavidos a la hora de considerar su adición al agua. Creo que quizá descubramos que esta terapia es peligrosa para la mayoría de la gente.

La relación de sus beneficios potenciales parece interminable. Cuanto más aprendemos acerca del ozono y del peróxido de hidrógeno, más prometedor parece el futuro de esta terapia. Sin embargo, no me cansaré de insistir en que todavía se halla en fase experimental y que es preciso ser cauto. También hay que tener presente que el peróxido de hidrógeno que se produce en el organismo actúa como un peligroso radical libre, lo que significa que podría convertirse tanto en un buen amigo como en un enemigo.

TERAPIA BIOXIDATIVA

El concepto básico que hay tras el uso del ozono y del peróxido de hidrógeno en lo que se conocen comúnmente como terapias bioxidativas es muy interesante. Ciertas bacterias causantes de enfermedades se desarrollan donde la cantidad de oxígeno es escasa o nula; estas bacterias son anaeróbicas. De hecho, desde hace más de treinta años sabemos que las células anaeróbicas crean un entorno que favorece la aparición del cáncer.

También se sabe que, cuando aumenta el volumen de oxígeno que llega a las células, se destruyen parásitos, gérmenes, hongos y tejidos enfermos. Más importante aún, las células sanas se revitalizan.

Compare estas sustancias naturales, que tienen pocos o nulos efectos secundarios si se usan correctamente, con los fármacos. Éstos son sustancias ajenas que pueden dañar el cuerpo. Un tratamiento agresivo para combatir una enfermedad grave como el cáncer requiere tanto quimioterapia como terapia de radiación, y ambas causan un trauma enorme. Provocan náuseas, caída del cabello, pérdida de peso y otros problemas. Como vimos en el ejemplo del medicamento contra los parásitos de los perros, una terapia administrada de modo incorrecto puede ser letal. Por supuesto, se abriga la esperanza de que el cáncer sea destruido antes de que «la cura» ocasione un daño mayor.

Deseamos que algún día las terapias de bioxidación con que se ha experimentado a conciencia en países con sistemas médicos reputados estén disponibles para todas las personas que puedan beneficiarse de ellas. Estas terapias serán rigurosamente probadas en Estados Unidos para que puedan ser adoptadas o modificadas. En efecto, el uso del ozono y del peróxido de hidrógeno parece destinado a convertirse en parte del futuro de los profesionales de la medicina.

TERAPIAS EXISTENTES

Por favor, recuerde que las terapias actualmente existentes *no* son prácticas de curanderismo médico. Estas terapias, aunque se informa poco sobre ellas, se han aplicado en otros países durante muchos años, y las publicaciones internacionales al respecto me han impresionado porque garantizan su inocuidad (excepto en los casos señalados) y calidad. De hecho supongo que si el ozono y el peróxido de hidrógeno fuesen productos farmacéuticos, su empleo ya se habría extendido.

La resistencia a probar terapias no farmacéuticas es una realidad en el sistema médico estadounidense. La investigación médica cuesta dinero, a menudo mucho. Aunque goza de mucha estima, los hospitales y las facultades de medicina disponen de fondos limitados que ofrecer a los científicos. Del mismo modo que algunas universidades siguen la máxima de «publica o perecerás» en cuanto a las artes creativas, existe una situación similar en medicina. Quienes gozan del mayor respeto, y a menudo de los mejores empleos, son los físicos, bioquímicos y otros investigadores científicos que reúnen cuantiosas becas para sufragar sus proyectos. Con ellas pagan a los laboratorios, el caro equipamiento y los salarios de estudiantes licenciados. Ayudan a la financiación de los hospitales. Y hacen más deseables los programas de estudios.

El problema es que las becas de investigación provienen en su mayor parte de las empresas farmacéuticas, porque suele ser más rentable para un negocio entregar varios millones de dólares a un investigador que trabaje en el laboratorio de una universidad que construir el suyo propio. Facilitar dinero para investigación garantiza además que un determinado fármaco se pruebe en diferentes grupos de pacientes. Por ejemplo, en ocasiones se ofrecen becas a investigadores en distintas partes del país con el fin de que los individuos sometidos a tests sean de diferentes razas, grupos de edad y etnias.

Detrás de esta práctica existe poco altruismo. A las empresas farmacéuticas no les mueve únicamente el deseo de hacer un bien, ni les interesa sufragar investigaciones para conseguir el bienestar de las personas, como la prevención de enfermedades y achaques de la edad, y por supuesto no están dispuestas a pagar para que se investigue en ámbitos de los que no obtendrán ningún beneficio económico.

En consecuencia, cualquier investigador que desee experimentar con las terapias bioxidativas tiene un acceso limitado a las becas. A veces personas adineradas que padecen una enfermedad y son conscientes del potencial de estas terapias alternativas ofrecen dinero para financiar estudios al respecto. En otras ocasiones las becas de investigación provienen de ámbitos no relacionados con los fabricantes de medicamentos. En algunos casos son los propios investigadores quienes se costean los estudios con los ingresos que consiguen con el ejercicio de la medicina y la docencia. Por tanto, el uso y la generalización de las terapias bioxidativas han sido lentos en Estados Unidos, a pesar de que muestran señales prometedoras. Se espera que muchos de los tratamientos que comentaré a continuación se conviertan pronto en habituales como ya lo son en Europa y Asia, por ejemplo. Consulte el «Apéndice A» para obtener más información sobre estas terapias.

1. *Inyección intramuscular*. Se trata de una inyección directa de una mezcla de ozono y oxígeno en una masa muscular grande, normalmente los glúteos, para tratar alergias, el cáncer (en unión con otras terapias) y ciertas dolencias inflamatorias.

2. *Insuflación rectal*. Esta terapia que suena tan desagradable se ha revelado inocua y eficaz en enfermedades como el cáncer

y el sida. Además es tan sencilla que los enfermos se administran el ozono ellos mismos.

La técnica consiste en tomar entre 100 y 800 mililitros de una mezcla de oxígeno y ozono y enviarla, mediante un aparato similar a un tubo de enema, al recto, donde es absorbida por los intestinos. El tratamiento no requiere más de dos minutos, y su efecto dura unos veinte minutos, tiempo suficiente para proporcionar un cambio notable, según los informes publicados. Se advierten mejoras en casos de colitis ulcerosa, ciertas clases de cáncer, problemas relacionados con el virus de la inmunodeficiencia humana y otros.

3. *Bolsas de ozono.* Esta técnica de nombre tan extraño consiste en colocar una bolsa llena de una mezcla de ozono y oxígeno sobre una zona de la piel afectada por una quemadura grave, una úlcera o una infección de hongos por ejemplo. Existe asimismo una técnica experimental para los enfermos de sida que consiste en una bolsa que cubre totalmente el cuerpo, excepto la cabeza. La mezcla de ozono y oxígeno, una vez absorbida por los poros, contribuye a la curación del cuerpo entero. Se ha empleado en varios países con resultados positivos, al menos en las enfermedades concretas en las que se ha aplicado. Los experimentos llevados a cabo con enfermos de sida son aún demasiado recientes para presentar resultados concluyentes.

4. *Fraccionamiento.* Denominada técnicamente inmunoterapia autohomóloga (TAH), consiste en añadir ozono a la sangre y la orina. Puede curar diversas enfermedades: artritis reumatoide, cáncer, asma, envejecimiento prematuro, alergias o infección crónica. El médico extrae una cantidad determinada de sangre y orina del paciente para fraccionarla en el laboratorio, es decir, para descomponer las células y el líquido. A continuación, la sangre fraccionada se procesa con ozono y otras sustancias químicas y por último retorna al paciente en

la forma que sea apropiada: a través de un inhalador, mediante una inyección o en gotas. Por muy extraña que parezca, es una de las terapias que parecen destinadas a implantarse en Estados Unidos debido a su éxito.

5. *Ozono y aceite.* Se trata en el laboratorio aceite de oliva (o en ocasiones de girasol) con ozono, y el líquido resultante se embotella para aplicarlo directamente sobre la piel. Se usa en algunos hospitales en casos de acné, escaras y úlceras en las piernas. Su potencial como remedio casero es extraordinario.

6. *Inyección intraarticular.* Se hace borbotear el agua con ozono y el líquido resultante se inyecta entre las articulaciones. La usan los hospitales para artritis y problemas similares.

7. *Agua ozonada.* En realidad es una variante del método anterior. El líquido resultante de esa ebullición de agua y ozono se usa para limpiar heridas, infecciones de la piel y quemaduras. La emplean los dentistas, así como algunos médicos para curar enfermedades intestinales.

8. *Autohemoterapia.* Mediante este proceso se extrae una cantidad determinada de sangre del paciente, se trata con ozono y oxígeno y se inyecta después en un músculo o una vena. En el primer caso se denomina autohemoterapia menor, y no se usan más de 10 mililitros de sangre. En cuanto a la inyección intravenosa, la técnica se denomina autohemoterapia mayor, y requiere la extracción inicial de hasta 100 mililitros de sangre.

TERAPIAS PELIGROSAS

1. *Inyección en venas o arterias.* Esta terapia se aplica en raras ocasiones y consiste en inyectar lentamente la mezcla de

oxígeno y ozono en una vena o arteria. El médico debe actuar con extrema precaución para evitar hacerlo demasiado despacio o demasiado deprisa, ya que se corre el riesgo de aumentar la probabilidad de mejorar la circulación de la sangre arterial. Aunque este método aún se practica, los riesgos que entraña aconsejan ser cautos.

2. *Inhalación de ozono.* Existen purificadores de aire que desprenden pequeñas cantidades de ozono para mejorar la salud, o al menos así lo anuncian los fabricantes. El problema es que la inhalación de ozono es peligrosa. Si se comete algún error, se corre el riesgo de provocar un enfisema mortal, entre otros problemas. Como sucede con la terapia de la bolsa de ozono, una diminuta cantidad de este gas, que dentro de la zona cubierta por la bolsa es inocua, puede ser peligrosa si se filtra al aire y se inhala.

TERAPIAS DE PERÓXIDO DE HIDRÓGENO

1. *Baños.* Mediante este tratamiento se añade al agua del baño algo más de medio litro de peróxido de hidrógeno al 35 por ciento, y el paciente permanece al menos veinte minutos sumergido para que la piel absorba el peróxido de hidrógeno diluido. Apenas se ha analizado este método, pero algunos pacientes con ciertas infecciones, erupciones cutáneas y rigidez de las articulaciones que lo han probado aseguran que proporciona un gran alivio. Si bien no se han comprobado sus beneficios, el método es probablemente inofensivo.

2. *Infusión intravenosa.* Consiste en preparar cuidadosamente una mezcla con un 30 por ciento de peróxido de hidrógeno reactivo y agua destilada estéril, solución que después se fil-

tra y esteriliza. Se añade una cantidad específica de dicha solución a un líquido que se infunde por goteo al paciente durante entre una y tres horas. El tratamiento puede aplicarse durante una semana o un día, según la enfermedad y su gravedad. Dado que sus resultados son conocidos y tiene efectos secundarios menores, es el preferido por muchos médicos.

3. *Inyección de peróxido de hidrógeno.* Se inyecta una solución que contiene 0,03 por ciento de peróxido de hidrógeno en las articulaciones para tratar dolencias inflamatorias como la artritis. Se aplica para aliviar problemas leves de tejidos.

PARA UTILIZAR CON EXTREMA PRECAUCIÓN

1. *Ingestión oral.* En un vaso de agua destilada se añaden gotas que contienen un 35 por ciento de peróxido de hidrógeno, y se bebe a continuación. Esta mezcla, tomada dos o tres veces al día, puede aliviar la artritis y utilizarse como complemento para el tratamiento de muchas otras afecciones, incluidos el cáncer y las enfermedades cardíacas. Tenga en cuenta que sólo debe utilizarse con agua destilada, porque otras clases de agua pueden contener hierro, sustancia que reacciona de manera adversa con el peróxido de hidrógeno.

Algunos médicos consideran que hay que actuar con extrema precaución a la hora de aplicar la ingestión oral. Consideran que los ácidos grasos del cuerpo pueden provocar que parte del peróxido de hidrógeno se convierta en radicales libres, con lo que dejaría en el organismo un rastro destructivo. Recomiendan evitar la ingestión oral. Estoy de acuerdo con ellos.

INFORMACIÓN ADICIONAL

Dado que la terapia bioxidativa es aún polémica y su uso no se ha aprobado en Estados Unidos, quizá le interese conocer los últimos avances en este campo. Incluyo la siguiente información porque creo que algunas de estas terapias pronto formarán parte de la medicina aceptada. A continuación se enumeran algunas organizaciones que están al corriente de estudios contrastados sobre estas terapias.

ECHO (Ecumenical Catholic Help Organization), P.O. Box 126, Delano MN 55328. Se publica una revista cuatrimestral en Florida. La dirección es ECHO Newsletter, 9845 N.E. 2nd Avenue, Miami, FL 33138.

International Bio-Oxidative Medicine Foundation (IBOMF), P.O. Box 891954, Oklahoma City, OK 73109.

The International Ozone Association, Inc., Pan American Group, 31 Strawberry Hill Avenue, Stamford, CT 06902.

3

Breve comentario acerca del uso de LOS REMEDIOS NATURALES Y EL CUERPO

Mientras lea los siguientes capítulos quizá crea que he dejado de hablar de los remedios naturales, ya que me dedicaré a comentar los suplementos que quiero que tome cuando se sienta bien. Tal vez tenga la impresión de que un remedio natural es como un medicamento —un paso en la lucha contra la mala salud— y hasta cierto punto tendrá usted razón. Todo lo que comento supondrá un beneficio específico para tal o cual problema. A veces el remedio natural ha de usarse junto con otra terapia; otras veces se empleará solo. Pero si prefiere pensar que los remedios naturales son sólo una medicina reactiva de fuerza divina, quizá se le escape la importante información que le ofrece este libro.

La sociedad estadounidense cree en la enfermedad mucho más que en el bienestar. De alguna manera considera que la enfermedad y la discapacidad son fuerzas motrices de todo cuanto se hace. ¿No me cree? Piense en su empleo.

Tanto antes de aceptarlo como en algún momento después de llevar en él algún tiempo, usted se planteó las ventajas que le ofrecía, como los días de vacaciones. Es una cuestión menor pero importante, claro. Todos queremos disponer de días de esparcimiento, a todos nos gusta que nos paguen mientras estamos de vacaciones en casa o viajando. Si el modo que están establecidas en su trabajo no acaba de convencerle, es probable que permanezca en él una temporada y luego considere la opción de cambiar.

Los asuntos relativos a la jubilación también son importantes. ¿Hay plan de pensiones? ¿Cuándo recibirá la pensión? ¿Qué opciones tiene? De nuevo, si no es de su agrado, quizá seguirá en su empleo una temporada y luego buscará otro con un programa de jubilación mejor.

Por último, están las ventajas en atención médica. Sospecho que ahora he captado toda su atención. ¿Qué clase de organización sanitaria le ofrecen: un centro de asistencia primaria o una entidad aseguradora específica? ¿Goza de cobertura para toda la familia? ¿Dispone de asistencia dental y oftalmológica? ¿Qué atención recibirá en caso de embarazo? Apuesto a que no sólo conoce la cobertura de su asistencia médica mejor que su plan de jubilación, sino que se trata de una de las principales razones por las que continúa en su empleo.

Las ventajas médicas son una obsesión para quienes buscan trabajo y para los empleados insatisfechos. Son el motivo por el que algunas personas siguen desempeñando un trabajo aburrido y sin expectativas. Constituyen la primera preocupación del empresario y del empleado. Según su edad, quizá esté preocupada por el embarazo o la menopausia, una enfermedad coronaria o el cáncer, los servicios de urgencia para niños, la artritis, las cataratas... La lista continúa. Exprese sus temores sobre la salud, basados en su propia experiencia, la de amigos o la predisposición genética de su familia, y descubrirá por qué sigue aferrado a un empleo aburrido: para asegurarse la cobertura sanitaria. Por muy sana y longeva que haya sido siempre su familia, los comentarios de sus amigos probablemente le ponen tan nervioso que cree que necesitará lo que las generaciones precedentes no necesitaron. Y si deja su empleo porque encuentra otro o por cualquier otro motivo, lo más probable es que no deje de preocuparse por cómo obtendrá asistencia si sobreviene el desastre.

Los remedios naturales exigen que piense de modo diferente. Como ya ha visto, en muchos casos los medicamentos no hacen más que reproducir de forma no natural los efectos que causan ciertas plantas. En cambio, los remedios naturales responden a los problemas del cuerpo, logran prevenir la enfermedad o retrasar su llegada. Si enferma, conseguirán que su dolencia sea menos grave y debilitadora que si no recurriera a ellos.

En el capítulo 4 aprenderá cosas acerca de las plantas de los cereales y los extractos de hojas tiernas de cebada verde, que son tan nutritivos que constituyen lo que podría llamarse la comida perfecta. Se han usado con éxito para combatir la devastación de la enfermedad de Alzheimer y los problemas inflamatorios de la artritis, entre otros. Con todo, lo más importante es que su uso habitual, junto con el de otros remedios naturales, sirve para prevenir las enfermedades. Muchos de los remedios, como la melatonina, frenan los dolorosos efectos del envejecimiento, y la mayoría fortalece el sistema inmunológico, algo indispensable para conservar la salud.

El problema a la hora de tratar de cuantificar los beneficios de los remedios naturales es que los datos de que se dispone son escasos, y en gran parte personales, aunque se han realizado estudios que utilizan la misma metodología empleada en los que analizan el uso de fármacos. He analizado con detalle dicha información, de modo que lo que le proporciono aquí es ajustado, actual y hace referencia a todos los problemas conocidos.

Con todo no debe restarse importancia a las pruebas anecdóticas de cualquier producto, ya sea farmacéutico o natural, que beneficie a la salud, ya que su efecto depende de la química de cada uno, y en ello radica el problema de aplicar el método científico.

Por ejemplo, un amigo mío escritor viaja en avión con asiduidad. Duerme poco debido a sus compromisos, o bien echa una cabezada entre las entrevistas que realiza a personas como agentes de policía, que tienen turnos de trabajo irregulares. Como es hipoglucémico, su cuerpo sufre con el *jet lag* y los cambios de presión, problema que también afecta a los diabéticos y a los bebedores de alcohol.

Durante años mi amigo solía volver a casa agotado y débil. Se quejaba de malestar en la garganta, le moqueaba la nariz, tenía dolores de cabeza y, cuando había epidemia de gripe, su cuerpo se lanzaba en pos de ella como si se tratara de una venganza. Si sus hijos enfermaban, contraía cualquier virus que llevaran a casa.

Entonces empezó a experimentar con los remedios naturales como medidas de prevención. Por ejemplo, empleó melatonina tanto para conciliar el sueño como para combatir el estrés que le provocaba dormir períodos de tres y cuatro horas. Tomó hierba de San Juan porque en el pasado su agotamiento le había producido cambios de humor y graves depresiones que duraban dos, tres o cuatro semanas, a veces más. Tomó sabal porque en su familia había un historial de problemas de próstata. Empezó además a usar otros productos, algunos tan familiares como la vitamina C y los complejos de vitamina B, que solía encontrar en comercios y eran baratos. Su adquisición aumentó su presupuesto sólo unos pocos dólares al mes, menos de lo que él y su mujer gastaban en salir a comer juntos cada pocas semanas.

En cuestión de días mi amigo advirtió un cambio en su salud. Si se sentía cansado a causa de su trabajo o no podía comer a horas adecuadas, la situación no degeneraba en una depresión, como había sucedido en los veinte años anteriores. Cuando viajaba, experimentaba el *jet lag* y cierto agotamiento, pero para superarlos sólo necesitaba dormir un poco más cada día. No contrajo más resfriados ni gripes. Su cuerpo dejó de actuar como una cesta donde caían todos los gérmenes que sus hijos traían del colegio o de las revisiones clínicas. Aumentó su rendimiento. Se equilibró su estado de ánimo, y empezó a gozar de una excelente salud.

Su mujer vivió cambios similares al escoger remedios naturales adecuados a sus necesidades. Descubrió también que el bienestar era su estado normal. En realidad, hace poco dejó su empleo, que odiaba, le producía gran estrés y había conservado sólo por las ventajas de la asistencia médica. «Ese trabajo hacía necesarios los beneficios médicos —me comentó—. Los cambios que he introducido en mi alimentación y actividad física han mejorado tanto mi salud que he dejado de pensar en la enfermedad como algo inevitable. Sé que debería contar con alguna clase de asistencia, pues todos corremos el riesgo de sufrir un accidente, resultar heridos y precisar una recuperación cara. Sin embargo, por el precio de unos pocos suplementos vitamínicos he sido capaz de dejar el empleo que detestaba y al mismo tiempo lograr una salud mejor. Mi nuevo trabajo me produce gran satisfacción, no sólo me ofrece visitas al centro de asistencia médica.»

Conozco casos de personas con cataratas que experimentaron una mejoría en cuanto tomaron un remedio natural como la melatonina. Existen pruebas médicas de que se produjo tal remisión, y en algunas ocasiones se mantuvo durante muchos años. No comenzaron a consumir la melatonina para combatir las cataratas, sino que la ingerían para dormir mejor, pero su salud mejoró de muchas maneras. La remisión de las cataratas, constatada por sus oftalmólogos, fue sólo una de ellas.

Como siempre, por supuesto, hay que ser precavido. En cuanto empiece a tomar los suplementos, tenga presente que muchos medicamentos en realidad reproducen sus efectos o bien reaccionan de modo negativo con los cambios que provocan en la química del cuerpo. Hubo quien empezó a probar la hierba de San Juan, por ejemplo, mientras se medicaba con Prozac, por lo que ingería una sobredosis.

Se sabe que el ajo, del que hablaremos en el capítulo 5, interacciona de un modo peligroso con ciertos fármacos fluidificantes de la sangre, al igual que otros remedios naturales como la vitamina E.

Si toma remedios naturales como medida de prevención, no olvide mencionárselo a su médico y a su farmacéutico, ya que alteran la fisiología del cuerpo. Numerosos fármacos imitan sus efectos, por lo que si se ingieren juntos se pueden producir interacciones, del mismo modo que los medicamentos, inocuos cuando se ingieren solos, pueden ser peligrosos si se toman juntos. Esto sucedía cuando se combinaban dos medicamentos para adelgazar con el fin de lograr «mayor eficacia», hasta que los médicos descubrieron que la mezcla podía ser mortal.

¿Significa esto que debe usted evitar ciertos remedios naturales? Rotundamente no. En este libro encontrará información sobre su uso adecuado. En todo caso debe ser consciente de que cuando adquiere usted unos hábitos que benefician a su cuerpo, cuando se centra en el bienestar, no en la enfermedad, induce cambios en la delicada química del organismo. Así pues, no mezcle remedios naturales con fármacos a menos que esté bajo la supervisión de un médico u otro experto que conozca las posibles interacciones químicas de ambas sustancias.

4

ALIMENTOS VERDES

No; en este capítulo no le aconsejaré que coma espinacas, brécol y espárragos, todos ellos alimentos verdes, sabrosos y nutritivos. Por el contrario, le hablaré de algunos alimentos verdes que normalmente no se mencionan y que sin embargo pueden salvar su vida. Me refiero a las gramíneas, como el trigo y la cebada. A pesar de que raras veces se nombran como ingredientes de terapias naturales, se hallan entre los preventivos más importantes de los cánceres de mama y próstata. De hecho, los estudios de laboratorio han demostrado que con la planta de la cebada no sólo se previenen sino que también se combaten estas enfermedades tan temidas.

LA CLOROFILA

Si usted o sus hijos son seguidores de los Teleñecos, quizá conozca la canción *No es fácil ser verde*. La interpreta la rana *Gustavo* y habla sobre el racismo, los prejuicios y la aceptación de uno mismo. Pues bien, su letra podría aplicarse a la clorofila, un líquido verde esencial para la salud y, a la vez, potencialmente peligroso.

Es posible que asocie este término a los anuncios televisivos de dentífricos que se hicieron tan populares hace más de treinta años. En ellos aparecían un joven atractivo y una muchacha bella cepillándose los dientes con una pasta que contenía entre sus ingredientes principales la clorofila. Luego estas personas de tan magnífico aspecto se encontraban por casualidad, se sonreían y, como si la clorofila fuese un afrodisíaco de Cupido, se enamoraban y se convertían en compañeros inseparables. La pasta dentífrica había limpiado sus dientes, la clorofila había refrescado su aliento y esta maravillosa forma de higiene oral les garantizaba una vida feliz.

En realidad esta idea no era el producto de la fantasía del publicista. Una década antes la revista *Journal of the American Medical Association* comentaba unas investigaciones que indicaban que los derivados de la clorofila conseguían eliminar los olores internos del cuerpo, un hecho que conduciría a encuentros personales más placenteros. Era la primera vez que se relacionaba la clorofila con el amor, aunque la seria revista médica no promovió esta conexión como sí hicieron los fabricantes de pasta dentífrica.

Sin embargo, en la actualidad apenas se habla de la clorofila. Los anuncios de pasta dentífrica, enjuagues bucales y demás productos para la higiene oral mencionan otros ingredientes. Esto se debe a que, por mucho que la clorofila sea un germicida muy potente, además de un eficaz antiinflamatorio que protege los órganos internos de personas que padecen gastritis o úlceras pépticas, se ha descubierto que es inestable, lo que la hace potencialmente peligrosa.

Algunos investigadores la han comparado con la sangre humana. Se refieren a ella como «sangre» de las plantas, analogía bastante acertada cuando consideramos la composición química de cada una de ellas. La hemoglobina (la sangre) y la clorofila son en realidad similares. Casi la única diferencia estriba en que en la estructura de la hemoglobina hay hierro, y en la de la clorofila, magnesio.

La clorofila que se añadía a la pasta dentífrica y otros productos no se encontraba en estado natural, ya que la clorofila natural se convierte en poco más que un pigmento verde y pierde sus propiedades terapéuticas si se calienta, se oxida o se halla en un entorno ácido. De ahí que se mezclara con sodio clorifílico de cobre, una sustancia consistente en un ion de cobre unido a la clorofila natural descompuesta. De este modo resulta estable, soluble en agua y no pierde su color cuando se expone al sol. Además, no puede ser absorbida por el cuerpo salvo en cantidades tan pequeñas que no producen efecto alguno, factor importante para la salud. Esta clorofila artificial es en realidad tan mortífera como la natural cuando se oxida. Da origen a un producto llamado feofórbido, que a determinadas concentraciones puede resultar fatal. La creación del feofórbido hace imperativo que la clorofila utilizada para el consumo humano en cualquier forma no deba oxidarse.

Para prevenir este problema, Japón regula la cantidad de clorofila potencialmente productora de feofórbido que un producto puede contener. La cantidad de feofórbido se determina por la distancia entre los campos de cultivo y la planta de procesamiento, el lapso de tiempo entre la cosecha y el procesamiento, y el método que se sigue en éste, es decir, si se cocina o congela. También se tiene en cuenta el desequilibrio provocado cuando se añaden en el procesamiento elementos ácidos como el alcohol. Sólo cuando se conocen estos datos y se ha medido el feofórbido, es posible establecer si un suplemento de clorofila es seguro. De momento, no debería usted usarla como suplemento, sino obtenerla a partir de los alimentos. La fuente ideal es la planta de la cebada, de la que hablaré enseguida. No obstante, antes me referiré a una sustancia conocida como clorela.

LA CLORELA

La clorela es un alga unicelular cuyo núcleo posee gran cantidad de clorofila. Aunque las informaciones más recientes indican que es poco segura, durante años se consideró que era una de las pocas algas comestibles, así como un limpiador del flujo sanguíneo y fuente de numerosos nutrientes. ¡Y menudos nutrientes!

La clorela contiene betacaroteno y todas las vitaminas B (incluso más vitamina B_{12} que el hígado), además de vitamina E, pequeñas cantidades de minerales, aminoácidos, hidratos de carbono y proteínas. Por otro lado es rica en ARN y en ADN y protege de la luz ultravioleta. Durante mucho tiempo se creyó que ingerirla procesada equivalía a una comida completa, ya que se consideraba que la proteína sola aseguraba buena salud a quienes necesitan las proteínas que proporciona la carne pero no pueden o no quieren comerla.

Sin embargo...

Uno de los investigadores médicos más importantes de Japón en el ámbito de las alternativas nutricionales a los fármacos es Yoshihide Hagiwara, doctor en medicina. Durante muchos años dirigió una empresa de investigación farmacéutica que elaboraba una gran variedad de medicinas usadas en todo el mundo, incluido Estados Unidos. No obstante descubrió que ciertos fármacos no beneficiaban mucho a los pacientes e incluso algunos presentaban efectos secundarios tan perjudiciales como las propias enfermedades que se suponía debían curar. Cuando inició sus experimentos sobre nutrición para analizar la eficacia de nutrientes poco conocidos hasta la fecha, como las gramíneas y las sustancias anteriormente consideradas beneficiosas, descubrió que la clorela se hallaba en esa última categoría.

Según el doctor Hagiwara, la clorela, una dura membrana

celular que resulta difícil de digerir, muestra pocos o ningún signo de haber evolucionado genéticamente en los últimos 3.000 años. Advirtió que gran número de personas que consumían un yogur rico en clorela que se anunciaba como producto sano enfermaban. Éste y una bebida enriquecida de modo similar se retiraron del mercado.

El doctor Hagiwara concluyó que la clorela no era tan útil como se había creído. Además, en ciertas circunstancias resulta potencialmente dañina. Por este motivo se dedicó a partir de entonces al estudio de las gramíneas.

LAS GRAMÍNEAS

En su estado inicial algunos cereales como la cebada, la avena, el centeno, el trigo y otros son plantas verdes. A diferencia de los granos en que se convierten, tienen mucho en común con las verduras. De hecho, una persona con alergia al trigo probablemente no tendrá ningún problema si come planta de trigo, que es el estado inicial del desarrollo de dicho cereal.

Ya he mencionado que los avances tecnológicos de nuestra sociedad nos han llevado a privar a los alimentos de la mayor parte de su valor nutritivo como consecuencia de procesarlos y conservarlos, en lugar de consumirlos crudos. De todos los métodos de conservación existentes, el menos destructivo es la congelación, pero recientemente se ha descubierto que los productos congelados pierden muchos de los nutrientes esenciales para la salud. Ésta es una de las razones por las que las gramíneas son tan importantes. Proporcionan los nutrientes que se eliminan al procesar los alimentos.

Advertencia. A menudo se me tacha de alarmista. En ocasiones he oído argüir que los alimentos no pueden presentar tantos problemas como afirmo. Después de todo, los métodos de conservación y transporte de alimentos han ayudado a aliviar la hambruna y estimular el crecimiento de ciudades sin posibilidad de cultivar alimentos. Esto es, han contribuido a mejorar el mundo.

Sí, estos argumentos son en parte ciertos, pero jamás se dice que, al «mejorar» los alimentos que consumimos, creamos problemas que nunca antes habían existido. Con el surgimiento de la sociedad urbana y la desaparición de la agrícola han aparecido epidemias de enfermedades de inmunodeficiencia, arteriosclerosis, hipertensión, afecciones cardíacas y aterosclerosis, así como un aumento espectacular en la incidencia del cáncer. Tal vez seamos más altos que en épocas pasadas, pero eso no significa que seamos más fuertes. Incluso es posible que pongamos en peligro nuestra salud al tomar una alimentación inadecuada.

LA PLANTA DE LA CEBADA

La planta de la cebada no es la única solución a los problemas de salud, pero sí la medicina preventiva más completa de que disponemos. Cada vez hay más pruebas de que ayuda a combatir dolencias como la hipocalcemia (una concentración excesivamente baja de potasio en la sangre), enfermedades del corazón, cáncer, artritis y otras afecciones inflamatorias. Su valor nutricional contribuye a reducir o eliminar trastornos causados por la desnutrición, uno de los problemas más extendidos entre la población, sobre todo entre los adolescentes. (La desnutrición no significa que se sienta usted hambriento. Puede que coma tanto que incluso se vuelva obeso. Pero ni el volumen ni la clase de comida garantizan el valor nutricional.)

Se podría considerar la cebada como uno de los mejores

dones de Dios. En el Antiguo Testamento se narra el viaje de Moisés y el pueblo hebreo a la Tierra Prometida. En el *Libro del Deuteronomio* se afirma que valió la pena vagar por el desierto durante cuarenta años para llegar a ella y se añade: «Porque el Señor nuestro Dios te conduce a una buena tierra, llena de arroyos, manantiales y aguas subterráneas que emanan a la superficie en valles y colinas, una tierra de trigo y cebada...» Los estudiosos de la Biblia creen que la cebada fue el primer cultivo que se introdujo en la planicie de Jericó, se cosechaba en marzo y se realizaba una segunda cosecha en las zonas montañosas de Jerusalén, tal como se menciona en el *Libro de Ruth*. Tanto el Antiguo como el Nuevo Testamento mencionan que la siega y el agavillado de la mies se llevaba a cabo desde Pascua hasta Pentecostés.

La cebada se sembraba después de las copiosas lluvias de octubre. El agricultor araba en la tierra ablandada y luego se echaban las semillas en los surcos. El ritual era tan común que Jesús lo usó como imagen en una parábola: «Un sembrador salió a sembrar. Mientras sembraba, algunas semillas cayeron en el sendero, y vinieron los pájaros y se las comieron. Otras cayeron en suelo duro, donde no tenían mucha tierra buena, y crecieron rápido, ya que no tuvieron que enraizar muy hondo. Pero cuando salió el sol, las abrasó y, como no tenían raíces, se marchitaron. Otras cayeron entre espinos, y los espinos crecieron y las asfixiaron. Otras cayeron en suelo bueno y dieron grano, unas ciento, otras sesenta, otras treinta» (Mateo 13, 3-8.)

La cebada era tan importante para la salud que los granjeros no la cosechaban por entero. Se dejaba el rastrojo en las lindes del campo para que los pobres elaboraran el nutritivo pan que necesitaban.

Las cualidades beneficiosas del pan de cebada quedan reflejadas en la historia narrada en Juan 6, 1-14, que relata cómo

Jesús alimentó a cinco mil personas que habían acudido a escucharle poco antes de Pascua. Cuando Jesús preguntó cómo conseguirían alimentar a todos los congregados, Andrés, el hermano de Simón Pedro, respondió: «Aquí hay un muchacho que tiene cinco panecillos de cebada y dos peces, pero ¿qué son para tanta gente?» Jesús los repartió entre la gente y «con los fragmentos que habían quedado de los cinco panecillos de cebada llenó veinte cestos».

El milagro consistió en que Jesús alimentó a cinco mil personas con cinco panecillos de cebada y dos peces. Para nosotros la cebada misma es el milagro, así como los beneficios que sus verdes hojas nos procuran. Muchas personas bien informadas consumen el zumo extraído de sus hojas, a menudo en forma de comprimido o polvo que se diluye en agua. Se vende como Magma Verde y como Esencia de Cebada Verde. Las hojas, o su variante en polvo, contienen calcio, clorofila, cobre, magnesio, manganeso, hierro orgánico, fósforo, potasio, zinc y la enzima superóxido dismutasa.

¡Y esto es sólo lo que sabemos a ciencia cierta! Continuamente se descubre que proporcionan otros beneficios para la salud. Por ejemplo, existe un antioxidante que inhibe la peroxidación de los lípidos; en palabras más sencillas, combate la formación de peróxido de hidrógeno en células grasas y tejidos, donde puede resultar muy destructiva. Este antioxidante de nombre tan complicado (2-0-glucosil isovitexín, o 2-0-GIV) es uno de los más potentes y se encuentra en las hojas de la cebada. Los expertos en artritis y otras enfermedades inflamatorias han advertido que los pacientes logran un alivio considerable y rápido gracias al consumo de cebada verde, al igual que las personas que padecen pancreatitis y desarreglos de colon, duodeno y estómago.

Las enzimas de la cebada verde neutralizan sustancias cancerígenas como el alquitrán del tabaco, y se ha demostrado en experimentos de laboratorio que el extracto de cebada verde destruye las células del cáncer de próstata. Además, mejora el sistema circulatorio y fortalece el inmunológico. ¡Y esto es sólo lo que sabemos hasta la fecha! La investigación de la cebada verde se encuentra aún en pañales, de modo que tal vez conozcamos pronto qué otros beneficios reporta.

Así pues, no es disparatado pensar que la cebada verde quizá sea la solución natural a un gran número de problemas de la salud y enfermedades.

FITOQUÍMICOS

Tal vez cree usted que, si su alimentación es adecuada, no tiene por qué tomar suplementos. Después de todo, si los productos alimentarios se ultracongelan o se preparan de tal manera que conserven todas sus propiedades, ¿por qué hemos de añadir a nuestra dieta estos granos y plantas? Este razonamiento es sobre todo adecuado en el caso de quienes intentan llevar una vida sana utilizando, por ejemplo, hornos de pan caseros y comiendo verduras cultivadas según métodos orgánicos.

Sin embargo, en los últimos tiempos los científicos han identificado un grupo específico de sustancias químicas naturales que se deterioran al ser procesadas. Se trata de los fitoquímicos, es decir, sustancias químicas de las plantas, como los carotenoides, flavonoides, ácidos fenólicos y los tocoferoles, todos ellos excelentes antioxidantes. Los problemas que se derivan de la pérdida de estas sustancias químicas pueden minimizarse enriqueciendo la alimentación con las plantas verdes y consumiendo más frutas y verduras.

PASTILLAS DE ALFALFA

Si padece artritis tal vez ya conozca las pastillas de alfalfa, porque cada vez las recomiendan más médicos que comparten la opinión de los propietarios bien informados de herboristerías. Contienen los minerales necesarios para la formación de los huesos, fue el primer suplemento de alimentos que salió al mercado y desde hace tiempo se sabe que posee un alto contenido mineral. Dado que sus raíces llegan hasta los seis metros de profundidad, es menos probable que les afecten los productos contaminantes que perjudican a otras plantas, hecho importante que debe tenerse en cuenta.

USO DE LOS SUPLEMENTOS

Si le trata un doctor o nutricionista, quizá ya le haya recomendado la cantidad de esencia de cebada verde que debe tomar. Las investigaciones son tan recientes que no hay acuerdo sobre la dosis adecuada. La mayoría de los expertos aconsejan un par de vasos al día, aunque algunas personas toman sólo uno, y otras que desean solucionar un problema específico como la gastritis ingieren uno o dos vasos al día sólo mientras padecen la dolencia.

Una de las funciones que la cebada efectúa con mayor eficacia es equilibrar los alimentos ácidos y alcalinos. La alimentación estadounidense se basa en la carne, que es un producto ácido. Dado que comemos pocos alimentos alcalinos, como las verduras, nuestro cuerpo suele estar en desequilibrio. Una química desequilibrada deprime sobremanera el sistema inmunológico y permite que se abra paso la enfermedad.

Las células usan los minerales para mantener el equilibrio entre los ácidos y alcalinos. Los toman o los sueltan en función de sus necesidades. Y las enzimas, también esenciales para la salud, necesitan minerales disueltos en forma de iones en los fluidos de la célula para mantener un metabolismo adecuado.

El potasio es uno de los minerales cruciales, ya que produce un efecto ionizante. Se utiliza en el metabolismo de la energía; si se reducen las existencias de potasio, la presión osmótica de la membrana celular resulta perjudicada.

La cebada verde proporciona estabilidad; por eso es tan importante. Es rica en potasio, vitaminas complejas B y otros nutrientes esenciales. Tal vez no seamos capaces de recomendar una cantidad específica mayor que la que sugiere el envase, pero disponemos de bastantes datos sobre la cebada verde para considerarla uno de los alimentos naturales más perfectos.

5

AJO, GINSENG Y *GINKGO BILOBA*

Nadie es neutral cuando se trata del ajo, del mismo modo que nadie es neutral a la hora de opinar sobre mofetas. A algunas personas les encanta el pelo suave de estos animales, su cara de asombro, su aparente actitud amable. Otros dicen sin ambages que apestan y no les gustan en absoluto.

Lo mismo sucede con el ajo. La cocina de algunos países parece haberse iniciado con el ajo, siendo los otros ingredientes, como los tomates, especias y mariscos, meros acompañantes. Hay *gourmets*, amantes de la buena vida y, para decirlo llanamente, glotones que hablan del ajo del mismo modo que los expertos en enología describen su cosecha favorita, y los amantes del queso comentan las sutiles diferencias de sabor entre las distintas variedades.

Por otro lado, quienes detestan el ajo argumentan que huele fatal. No soportan el aliento que deja y cómo hace que el olor parezca emanar por todos los poros de la piel. Incluso hacen chistes diciendo que es un método excelente para el control de la natalidad; si un miembro de la pareja lo come, el otro se mantendrá a una distancia de al menos tres metros. Algunas personas creen incluso que es ligeramente tóxico y por eso les irrita el estómago.

El ajo y el alcohol son sustancias que no se metabolizan.

Las paredes del estómago las absorben, por lo que dejan el susodicho olor. Esto explica también por qué algunas personas sienten molestias en el estómago después de haberlas ingerido.

Por suerte existe un producto derivado del ajo envejecido que está destoxificado y, por tanto, desodorizado. Del mismo modo que las mofetas desodorizadas pueden ser unas mascotas encantadoras, esta variante de ajo, cuya química ha sido un tanto alterada y que se vende bajo el nombre de Kyolic, es adecuada para las personas que no pueden comer ajo normal. De hecho, gran número de estudios indican que tal vez el Kyolic sea más eficaz que el ajo crudo a la hora de estimular el sistema inmunológico.

¿Por qué el ajo, tanto en su forma original como en extracto de la planta envejecida, es bueno para usted? El ajo contiene germanio y selenio, antioxidantes compuestos de sulfuro que estimulan el sistema inmunológico. En el estudio mencionado, dirigido por el doctor Tariq Abdullah, el Kyolic eliminó un 20 por ciento más de células tumorales en cultivos de laboratorio que el ajo crudo, y eso que éste es uno de los estimulantes más potentes de las denominadas células *natural killer* o supresoras, que atacan a aquéllas.

Se ha descubierto asimismo que el Kyolic es más beneficioso para los hipoglucémicos (personas con una baja concentración de azúcar en la sangre) que el ajo crudo. Por desgracia este último reduce el nivel de azúcar en la sangre, mientras que el Kyolic lo estabiliza. El proceso de envejecimiento que da lugar al Kyolic produce un suplemento cuyos beneficios son en mi opinión más fuertes que los del ajo crudo.

Por muy entusiasta que sea respecto a la planta de la cebada, si alguien me preguntara cuál es el único suplemento que debería tomar le recomendaría el ajo Kyolic. Es uno de los remedios naturales documentados más antiguos y versátiles. Cuando Hipócrates, padre de la medicina diagnóstica, anotaba los tratamientos que funcionaban con los griegos a los que atendía, incluyó en su lista el ajo. Se ha descubierto que un total de veintidós antiguos remedios egipcios contenían ajo, como queda recogido en el papiro Ebers que data del siglo XVI antes de Cristo. Además, ayudó a combatir la peste que asoló Marsella entre 1770 y 1780. Albert Schweitzer descubrió, cuando ya no le quedaban más medicinas en su misión africana, que detenía con éxito la disentería. Louis Pasteur halló que tenía propiedades antibacterianas. Los vikingos no emprendían sus largos viajes marítimos sin ir bien provistos de ajo. Y, por supuesto, ya sabemos que constituye una defensa excelente contra los vampiros.

Nuestros predecesores lo consideraban tan valioso que se usó, junto con las cebollas, para mantener la buena salud de los hombres que construyeron las pirámides de Egipto. Y hoy día resulta beneficioso en el tratamiento de enfermedades respiratorias como la bronquitis y el asma. Se ha empleado asimismo para tratar las úlceras de estómago y la tuberculosis. Además, dadas sus propiedades fungicidas, se utiliza para curar el pie de atleta.

Es curioso que un remedio natural como el ajo aparezca tanto en los tratados médicos antiguos. Ya hemos comentado que en la Biblia se menciona la cebada, pero en los conocimientos médicos que se han transmitido a lo largo de los siglos el ajo aparece repetidamente. Quizá sea uno de los productos que más se han empleado por sus propiedades curativas, un remedio natural tan respetado en la actualidad como en el pasado.

No cabe duda de que el ajo tiene varios efectos beneficiosos para el corazón. En primer lugar, combate el colesterol «malo». Ahora sabemos que el colesterol de lipoproteínas de alta densidad (HDL) no es peligroso, pero sí lo es el de lipoproteínas de baja densidad (LDL), porque los radicales libres nocivos pueden oxidarlo. Las LDL oxidadas se convierten en un enemigo de los glóbulos blancos, que se agrandan como si fueran «células de espuma» y por último se depositan en las paredes arteriales en forma de placa. El lumen, el hueco del conducto arterial, se estrecha cada vez más hasta quedar totalmente bloqueado.

Las HDL funcionan de un modo mucho más positivo. Son más espesas que las LDL y actúan de forma bastante similar a un hermano mayor encargado de evitar que el pequeño se meta en líos. Las HDL, en cierto modo, agarran a las LDL por el pescuezo y las conducen hasta el hígado, donde son descompuestas y expulsadas del cuerpo. Las LDL se comportan bien sólo cuando no han sido oxidadas. Y es la propiedad antioxidante del ajo la que, al reducir los daños del radical libre en el colesterol, hace que las LDL no necesiten a su hermano HDL, ya que gracias a ella pueden eliminarse de forma segura solas. El resultado es que el ajo reduce las posibilidades de inicio y progresión de la arteriosclerosis.

Por eso son los pacientes de enfermedades cardíacas los más beneficiados por la acción del ajo, pero es importante consultar con el médico antes de añadirlo a la dieta, porque hay fármacos cuyas propiedades químicas son equivalentes. Esto es especialmente cierto en el caso de los populares medicamentos fluidificantes de la sangre. De hecho, Alemania autoriza los suplementos de ajo como fármacos para el tratamiento de la arteriosclerosis.

En la década de los años veinte se introdujo en el mercado uno de los medicamentos más valiosos y a la vez peligrosos que se hayan creado jamás. Me refiero a la aspirina. La realidad es que el 25 por ciento de las personas sufrirán en algún momento una reacción grave o que pondrá en peligro su vida, provocada por este medicamento. Más importante aún, algunos niños pueden desarrollar el síndrome de Reye a causa de la aspirina, porque la química de su cuerpo aún no es lo bastante estable. Sin embargo, a pesar de los riesgos, la mayoría de los médicos de urgencias y cardiólogos aconsejan que, a la primera señal de infarto, se tome una aspirina antes de llamar al servicio de urgencias, ya que de hecho es un fluidificante y puede retrasar o evitar su aparición.

X El ajo es una aspirina natural, no sólo porque contenga ácido salicílico, que se detectó por primera vez en el té de corteza de sauce como sustancia capaz de calmar los dolores de cabeza y las inflamaciones de las articulaciones, sino porque puede ayudar a evitar que los glóbulos rojos se agrupen. Otras de sus cualidades, hasta tal punto diferentes de las de la aspirina que no presentan riesgo alguno, disuelven los coágulos y prolongan el tiempo de coagulación. Este fluidificante natural de la sangre mejora el flujo sanguíneo y es el producto más seguro para la prevención de los infartos. No negaré que es buena idea tener siempre un bote de aspirinas en el botiquín, pero el consumo regular de Kyolic casi con toda seguridad eliminará la necesidad de tomar medidas más drásticas.

Existen dos clases comunes de enfermedades familiares, la primera de las cuales atañe al estilo de vida. Los médicos lo perciben con especial claridad en situaciones como la diabetes. Son muchas las causas de la diabetes, pero en algunas familias es sólo resultado de una alimentación pobre y de la falta de ejercicio. En estos casos, la familia se enorgullece de que sus hijos «comen bien», sin que con ello quieran decir que ingieren una gran variedad de alimentos nutritivos en cantidades adecuadas. En realidad comen mucho y a veces consumen postres y meriendas con mucho azúcar en cantidades desproporcionadas.

Las razones para explicar esta situación son muy variadas. En los años sesenta los hijos de los supervivientes del Holocausto solían llegar a la adolescencia con graves problemas de sobrepeso. ¿Por qué? Porque los padres, que habían sufrido una privación física terrible, equiparaban de manera inconsciente exceso y libertad.

Otro ejemplo es el de un amigo mío al que le enseñaron que no debía levantarse de la mesa hasta haber dado buena cuenta de una botella de leche y una caja de galletas. Su madre, que había sido educada en una época en que los «especialistas» en nutrición creían que el azúcar representaba «calorías vacías» (o sea, no reportaba ningún beneficio pero tampoco acarreaba ningún daño), ignoraba que el azúcar roba al cuerpo las vitaminas del complejo B y ocasiona muchas afecciones preocupantes. Una de las peores es la inmunodeficiencia grave.

Sin embargo, había algo más. Durante sus seis primeros años mi amigo vivió en una casa en que residían dos familias y en la que su madre no era feliz. Ella proyectaba su desdicha en su prole y tenía la certeza de que su hijo estaba triste porque no tenía su propio jardín. Decidió que su delgadez era una prueba de su desgracia.

Cuando la familia se trasladó a una casa propia con jardín, animaron a mi amigo, que entonces contaba siete años, a comer tanto como le apeteciera. «Ponerse las botas» demostraba que se sentía feliz, y el hecho de que engordara no despertaba ninguna preocupación. Sólo cuando se hizo adulto y desarrolló una hipoglucemia, mi amigo comprendió que sus excesos alimentarios habían sido un intento equivocado de su madre por hacerle feliz.

Sabemos que el ajo ejerce un efecto beneficioso en el sistema cardiovascular. Quizá usted o algún conocido suyo tiene una ligera dificultad para caminar. No parece nada grave, pero tal vez le incomoda tanto que ya no quiere andar cuando tiene que hacerlo. Nota débiles las piernas o siente cierto dolor en ellas y, cuando se detiene a descansar o se sienta, la molestia desaparece.

Esta molestia obedece a la mala circulación de la sangre en las piernas. El término técnico de este problema es claudicación intermitente. Como se sabe que el ajo mejora la circulación en la periferia del cuerpo, se están realizando estudios con pacientes que experimentan dicho problema. El uso habitual de ajo aumenta la distancia que pueden recorrer sin sentir esa debilidad o malestar. Además, como efecto secundario beneficioso, se reducen las concentraciones de colesterol y la presión arterial desciende hasta los límites normales.

Advertencia. Los estudios acerca de la predisposición genética y los beneficios de alimentos como el ajo no están ni podrán estar nunca comprobados científicamente. Los investigadores prefieren realizar estudios comparativos en los que varias personas con una misma constitución e idénticas condiciones se separan en dos grupos; a uno de ellos se le administra la sustancia que se desea estudiar (un alimento, un suplemento o un fármaco), y al otro un placebo. El problema es que efectuar estos estudios —que serían ideales en el caso de encontrar gemelos de familias con predisposición a una muerte temprana— significa que la mitad de los individuos morirá. Hay que «matar» al 50 por ciento para demostrar una teoría.

Por el contrario, los estudios sobre predisposición genética deben llevarse a cabo en familias con antecedentes que puedan ser científicamente comprobados. Un amigo mío, por ejemplo, conoce las costumbres alimentarias y de ejercicio, así como las causas de muerte, de muchas generaciones de su rama paterna. Ninguno superó los cincuenta y seis años hasta que su padre modificó su dieta y su actividad física al diagnosticarle diabetes. (Los demás continuaron como hasta entonces, si acaso optando por hacer menos ejercicio.) Su padre vivió hasta la edad de ochenta y cuatro años, cuando falleció de cáncer de próstata. Mi amigo ha conseguido librarse de la diabetes y cría a sus hijos con una alimentación pobre en azúcar y un estilo de vida activo, que incluye largos paseos de los que disfruta toda la familia, incluso los menos inclinados al deporte. Así ha evitado lo «inevitable», como harán sus hijos si recuerdan la lección aprendida en su juventud.

Esto es lo que sucede cuando el ajo pasa a formar parte de un programa de alimentación y de suplementos para los que padecen del corazón. Conocemos casos de individuos que, dado el historial médico de sus familias, deberían sufrir afecciones cardíacas pero que no las presentan. Eso significa que llevan una vida más sana que sus antepasados. Viven más años con sólo añadir ajo a su dieta.

¿Acaso estos individuos son especiales desde el punto de vista genético? Tal vez, pero no parece probable. Da la impresión más bien de que el cambio se debió al ajo. Sin embargo, esto no se ha constatado mediante métodos científicos. Es sentido común, que es bueno en medicina, al menos cuando se trata del uso del ajo para contrarrestar la predisposición genética.

Donde sí pueden aplicarse métodos científicos, como en el caso de los factores antibacterianos, el ajo ha demostrado una y otra vez ser seguro y eficaz. Probablemente todas las mujeres y la mayoría de los hombres han oído hablar de la «infección por levaduras» (también conocida como síndrome de la levadura o candidiasis crónica), que se define sobre todo por sus síntomas. La infección queda de manifiesto al realizarse un análisis de sangre o heces. No obstante, por lo general su presencia se determina tras un cuidadoso y completo historial clínico que revela problemas de depresión, irritabilidad, infecciones de la flora vaginal, frecuentes infecciones de la vejiga, fatiga crónica, falta de energía, reducción del apetito sexual, incapacidad para concentrarse y otros desarreglos. Cada uno de ellos es por sí solo motivo de preocupación; la combinación de varios, generalmente indica la presencia de candidiasis crónica.

Dado que las candidiasis, como cualquier infección por hongos o virus, por lo general no son mortales, se han llevado a cabo estudios comparativos para analizar el efecto del ajo como posible tratamiento. Sus resultados han demostrado el valor del ajo, ya sea solo o en combinación con otras terapias naturales.

Advertencia. No se automedique con ajo para combatir las afecciones que acabamos de mencionar. Respecto a la candidiasis, por ejemplo, conviene adoptar otras medidas. Debe eliminar por completo el consumo de alcohol, alimentos ricos en azúcar y otras sustancias con alto contenido en hongos o moho. Debe mejorar su digestión. Es preciso desintoxicar el hígado y fortalecer el sistema inmunológico. Después es imprescindible cumplir el tratamiento continuado que prescriba el médico, porque las infecciones de la flora vaginal pueden permanecer latentes y manifestarse de nuevo de modo repentino si se abandona el tratamiento tras el último acceso.

El ajo también se ocupa de manera excelente de la grasa. Esto no significa que pueda comer ajo en lugar de hacer ejercicio. Podría asustar a un vampiro, pero la pereza y la indolencia no temen al ajo. Sin embargo, se sabe que es uno de los medios más eficaces para reducir la grasa, junto a una alimentación sana y una adecuada actividad física.

Esto no quiere decir que pueda usted comer todo lo que quiera y recurrir al ajo como si se tratara de una píldora mágica. La clase y la cantidad de alimentos que se consumen constituyen una fuente de grasa, quizá la más fácil de controlar. Cuanto más joven sea usted, más fácil le resultará quemar la grasa que ingiere en su alimentación. Al hacerse mayor, decrece la capacidad para quemarlas. Tal vez a los cuarenta sea usted tan activa o activo como a los veinte, pero la dieta que en su juventud le hacía tener un estómago plano y unas caderas esbeltas ahora le obliga a recurrir a una talla más. Es algo natural, pero el exceso de grasa nunca es bueno.

Advertencia. Informes recientes de estudios realizados a largo plazo acerca del peso corporal y la salud demuestran que el sobrepeso no constituye el problema que antes se creía. Cuanto mayor sea el exceso de grasas, mayores tensiones ha de soportar el cuerpo, pero someterse a dietas continuamente provoca que esas tensiones se incrementen aún más. Un factor que debe tenerse en cuenta es el ejercicio físico realizado. Una persona con sobrepeso que se mantenga en un peso estable, practique alguna actividad física y siga una dieta sana que incluya los suplementos adecuados estará mucho mejor que otra con un «cuerpo escultural» cuyas costumbres alimentarias y de actividad deportiva sean erróneas. Estar gordo no tiene por qué significar no estar sano. No es más que el signo más visible de una condición potencialmente peligrosa que puede llegar a manifestarse si no se tiene en cuenta el resto de factores que garantizan una buena salud.

La grasa que reprobamos porque se instala en nuestro cuerpo a medida que nos hacemos mayores proviene de dos fuentes. Una clase de grasa se queda en nuestro organismo porque éste no logra descomponerla y eliminarla. La otra es la que nuestro propio cuerpo genera mediante un proceso conocido como lipogénesis endógena. Ambas clases pueden ser resultado tanto de nuestro estilo de vida como de nuestra edad y hábitos alimentarios.

Por ejemplo, ¿usted bebe? No digo en exceso. Me refiero a beber una cerveza después de la jornada de trabajo o un poco de vino en la cena. Nada preocupante. Nada excesivo.

Quizá no sepa que el alcohol que consume interfiere en la descomposición de las grasas alimenticias y estimula la lipogénesis endógena. En otras palabras, potencia el mecanismo de producción de grasas e inhibe la capacidad de nuestro cuerpo para descomponerlas y eliminarlas.

Comer ajo no es una excusa para beber. No me gustaría verle tomar una margarita tras otra y consumir a continuación grandes cantidades de Kyolic. Sin embargo, el ajo ralentiza o detiene la producción de grasa del cuerpo al descomponer los lípidos y mejorar la eliminación de diversos productos asociados. Además traslada los lípidos desde los tejidos hacia el flujo sanguíneo para que sean finalmente destruidos. Así pues, puede reducir de manera drástica las malas consecuencias de numerosos «pecados» alimentarios. Realmente es un buen amigo.

Quizá uno de los descubrimientos más prometedores en la investigación sobre las aplicaciones del ajo es uno referido al cáncer. El Memorial Sloan-Kettering Cancer Center de Nueva York ha descubierto que el ajo inhibe el desarrollo de las células cancerosas en experimentos llevados a cabo en laboratorio. Por otro lado, en un estudio sobre cáncer de colon realizado en el hospital M.D. Anderson de Houston, el doctor Michael Wargovich determinó que el sulfuro de dialil, uno de los principales componentes del ajo, reducía el desarrollo del cáncer de colon en ratones. Un experimento relacionado demostró que el sulfuro de dialil puede evitar además el cáncer de esófago y ayudar a impedir el cáncer de próstata en algunos individuos.

Se han efectuado experimentos concienzudos y los resultados son esperanzadores por cuanto demuestran que el ajo es eficaz tanto para el tratamiento como para la prevención del cáncer, y hoy día se está probando, en unión con otras terapias, en enfermedades del sistema inmunológico como el sida. Los resultados de laboratorio son muy positivos y las pruebas realizadas en humanos ofrecen resultados similares, pero aún no se ha avanzado lo suficiente para implantar el ajo como tratamiento. Sin embargo, como dije al comienzo de este capítulo,

si tuviera que tomar sólo un suplemento para mi salud, elegi-
ría el ajo Kyolic.

GINSENG

A pesar de haber sido utilizado durante siglos en muchas
zonas de Asia, el ginseng fue uno de los secretos sucios de la
guerra fría. Durante los años finales de la tensión entre Estados
Unidos y la Unión Soviética, algunos estrategas militares señalaron que sería más sabio emprender los ataques en torno a las
cuatro de la madrugada. Si recuerda lo que hemos comentado
acerca de la melatonina, entenderá sus motivos; es la hora de
sueño más profundo. Por supuesto, a los mandos militares les
resultaría difícil mantener alerta a las tropas necesarias.

La idea básica consistía en que el ataque fuera una sorpresa
tanto para los atacantes como para los atacados. Quizá parezca
un disparate pero, como ya sabe, cuando se planea una sorpresa es vital que el menor número de personas la conozca. Así
se evitan los chivatazos. El ejército quería saber qué fármacos
podían almacenarse y ser administrados a los soldados para
provocarles un estado instantáneo de alerta máxima.

La lista completa de las sustancias utilizadas en los experimentos se mantiene en secreto, pero se conocen algunas. En
Estados Unidos, por ejemplo, se planteó el uso de la cocaína,
un estimulante de acción rápida, que al parecer no causa inhi-
bición y surte efecto con cantidades pequeñas, de manera que
su almacenamiento no representaba ningún problema. El único
obstáculo estribaba en que era ilegal, por lo que en aquella
época suscitó gran polémica, aunque como nunca llegó a usarse, sólo fue conocida entre los miembros del alto mando mili-
tar, los Institutos Nacionales de la Salud y algunos investigadores involucrados en el proyecto.

Tal vez Rusia, una nación agrícola, haya experimentado con drogas de evasión, pero ahora sabemos que el estimulante que escogieron era inocuo: el ginseng. En realidad gran parte de los conocimientos actuales sobre este producto proviene de aquellos experimentos de la guerra fría.

Los nativos estadounidenses conocían el *gisens* mucho antes de que llegaran los exploradores europeos. Lo usaban para tratar enfermedades de los bronquios, así como dolores de garganta y estómago. Hoy aplicamos el nombre técnico *Panax quinquefolius* a lo que se conoce como ginseng americano.

En Asia, donde el ginseng se emplea desde hace mucho tiempo para estimular la energía y superar la debilidad (propiedades que los rusos probaron), recibe diversos nombres. *Panax ginseng* se refiere a las variedades china y coreana, *Panax japonicus* a la japonesa y *Eleutherococcus senticosus* a la planta siberiana. Pero sea cual sea el origen, sus aplicaciones y efectos son los mismos.

El primer uso que se dio al ginseng, en especial al *Panax* y el siberiano, un poco menos potente, fue el de tónico renal por su capacidad para mejorar la actividad de los riñones, sobre todo cuando la persona está cansada o ha de enfrentarse a tareas que requieren mucha atención. Además estimula la glándula pituitaria para que segregue la hormona adrenocorticotropa (HACT), que combate el estrés del mismo modo que ciertos fármacos como la prednisona (de la familia de los corticoides).

Por otro lado, desde hace mucho tiempo el *Panax ginseng* tiene fama de mejorar la actividad sexual, razón por la cual es tan buscada esta variedad, que suele venderse como ginseng chino o coreano. Sin embargo, no hay estudios científicos sobre estos supuestos efectos beneficiosos en los humanos. Algunas investigaciones con animales muestran un aumento de la testosterona y el esperma, así como una conducta de apareamiento más activa. Aun así, los humanos se dejan llevar más por la fe que por los hechos. O quizá el ginseng les funcione por sus propiedades como tónico. En todo caso la mayoría de los hombres obtendrán beneficios sexuales más seguros e inocuos con el sabal, que puede tomarse a diario y es excelente para la próstata.

El ginseng es conocido asimismo como sustancia adaptogénica. Es decir, estabiliza algunas funciones vitales. Por ejemplo, si tiene la tensión alta, consigue que descienda hasta un nivel saludable. Si su presión sanguínea es demasiado baja, la eleva hasta un nivel seguro. Todo esto se añade a otros beneficios, como fortalecer, aumentar el grado de aguante y superar el estrés.

Es muy importante que no vea el ginseng como un equivalente del ajo Kyolic. El primero debe considerarse una medicina que ha de tomarse durante cortos períodos de tiempo, no como un suplemento diario. No es equiparable a la vitamina C, que se puede consumir en gran cantidad cada día. Por el contrario, como descubrieron los rusos, puede ingerirse de modo seguro durante quince o veinte días, pero después debe interrumpirse su consumo durante un par de semanas antes de volver a tomarlo de nuevo, si surge la necesidad. Así pues, no tome dosis altas durante un largo período de tiempo.

Advertencia. Al igual que los fármacos, el ginseng tiene efectos secundarios que debe tomar en consideración. La cantidad adecuada variará en función de su fisiología, y puede diferir de la que resulta apropiada para una persona de complexión y edad similares. Entre los posibles efectos secundarios que afectan a todo el mundo se encuentran la ansiedad, hipertensión, insomnio, irritabilidad y nerviosismo. Las mujeres pueden notar también dolor en los pechos y cambios en la menstruación. Estos efectos secundarios deberían servirle de alerta para reducir la dosis que ingiere o bien dejar de tomarlo.

Además el ginseng no soluciona todos los problemas. Si es usted hipoglucémico, no debería consumirlo, aunque en pequeñas dosis probablemente no sea peligroso. En cambio, para los diabéticos sí es apropiado. Reduce la concentración de la hormona cortisol en la sangre y, como esta hormona interfiere en la función de la insulina, resulta de gran ayuda disminuir su presencia.

El ginseng se vende en diferentes presentaciones: como aceite esencial o granulado para infusión; se vende la raíz entera o bien fragmentos de ésta, algunos de los cuales no han sido tratados mientras que otros se han blanqueado; como extracto líquido concentrado; en forma de pastillas, cápsulas y como tintura. Sea cual sea la modalidad que compre, asegúrese de que no contiene azúcar o color añadido.

Hay varios factores que deben tenerse en cuenta a la hora de decidir qué modalidad de ginseng comprar. Si alguna vez ha estudiado algo sobre el vino sabrá que la situación de las viñas, la clase de suelo, el grado de exposición al sol y la cantidad de lluvia afectan al sabor de una misma variedad de uvas que hayan sido cultivadas en dos zonas diferentes. Esto mismo le sucede al ginseng. ¿En qué suelo se ha cultivado? Hacen falta años para obtener ginseng maduro. ¿Cuántos años tiene la raíz que ha comprado? ¿Qué partes de ella se han utilizado? ¿Cómo se ha preparado? Todos estos datos, que determinan su eficacia, en muchos casos no son fáciles de conocer.

Cuando lea la etiqueta, busque la cantidad estándar del ingrediente activo. Por ejemplo, el ingrediente activo del *Panax ginseng*, que ayuda a las glándulas renales, es el ginsenósido. El mínimo recomendado para este propósito son 15 miligramos de ginsenósido al día, tomados en una dosis o bien en un máximo de tres dosis más pequeñas. Y recuerde siempre que si no puede encontrar un profesional preparado al que consultar, se impone la prudencia.

GINKGO BILOBA

El *Ginkgo biloba* y el sabal probablemente hayan hecho más para mejorar el estilo de vida de los hombres maduros que todos los fármacos combinados. Esto se debe a que el sabal consigue estimular su vida sexual, y el *Ginkgo biloba* les garantiza que no olvidarán el placer que antes sentían.

De acuerdo, quizá me he entusiasmado demasiado. No obstante, con todo lo que se habla acerca de la Viagra y el temor que provoca la enfermedad de Alzheimer, es bueno saber que existen alternativas a lo que mucha gente asumió un día como las consecuencias inevitables del envejecimiento. Y como han defendido después muchos artículos de periódicos y revistas, el *Ginkgo biloba* ayuda a retener la memoria. Sin embargo, una visión tan estrecha del *Ginkgo biloba* hace que se pierda su auténtico valor como remedio natural.

En primer lugar, veamos de qué manera puede el *Ginkgo biloba* ayudar a su memoria. La sustancia que se encuentra en las hojas de la planta del ginkgo es rica en terpenos (hidrocarburos insaturados). Estas sustancias ayudan al flujo de la sangre en los capilares, los vasos sanguíneos más estrechos.

Los capilares son tan diminutos que es fácil que se atasquen. En algunas personas el flujo sanguíneo no es lo bastante fuerte para limpiar las toxinas que se quedan en los capilares al pasar la sangre a través de ellos. Estos venenos se acumulan, sobre todo en el cerebro. Peor aún, el crecimiento de toxinas implica el crecimiento de radicales libres, que dañan los capilares y los tejidos a los que alimentan.

Los terpenos del *Ginkgo biloba* contribuyen a abrir los conductos y se llevan por delante las toxinas, con lo que restauran la circulación. Esto incrementa la cantidad de oxígeno y nutrientes que llegan al cerebro y a la médula espinal, es decir, a los componentes del sistema nervioso central.

Es importante hacer hincapié en esta función. Además, el *Ginkgo biloba* limpia de toxinas y radicales libres la red de vasos sanguíneos, nervios y tejidos de los ojos. Dado que para muchos adultos envejecer implica una paulatina e inevitable pérdida de la visión, el extracto de ginkgo es todo un acierto, ya que ataja la degeneración ocular y mantiene o incluso mejora la visión.

¿Alguna vez ha vivido la pavorosa experiencia de no poder respirar a causa de un ataque de asma? Lo que notaba usted en esos momentos eran los efectos de los radicales libres en los alvéolos (unas bolsitas situadas en los pulmones o los capilares que retienen el aire). Los radicales libres pueden dañarlos hasta el punto de provocar un ataque de asma. Pues bien, el *Ginkgo biloba* logra contrarrestar todos o la mayoría de estos problemas, con lo que elimina o debilita los efectos del asma.

El *Ginkgo biloba* facilita la respiración, reduce el endurecimiento de las arterias, mejora la capacidad de concentración e incluso restaura la circulación en zonas del cerebro que han resultado dañadas por una apoplejía. Por esta razón potencia la memoria y alivia la depresión, ya que ésta a menudo tiene que ver con problemas del sistema circulatorio que el extracto consigue paliar.

El ginkgo es eficaz en el tratamiento de otros trastornos circulatorios como el mareo crónico (vértigo) y pitidos en los oídos (tinnitus). Además, muchas personas que sufren migrañas encuentran un alivio natural en este extracto.

Se conocen bien las propiedades del *Ginkgo biloba* como medicina natural tanto por su uso durante los últimos 5.000 años como por estudios científicos recientes. Proviene del árbol más viejo del planeta. Está documentado su empleo en el 2800 antes de la era cristiana. También es uno de los vegetales más extraños. Del mismo modo que el *Ginkgo biloba* ayuda, a los humanos en el ámbito de la sexualidad, este árbol posee una vida sexual propia. Existen formas masculinas y femeninas. (*Biloba* significa «dos lóbulos», y describe el aspecto de la hoja.) A menos que los insectos actúen como intermediarios, no se reproducen.

Lo que no está tan claro es la naturaleza exacta del efecto que produce el ginkgo en el cerebro. Algunos investigadores menosprecian gran parte de su valor porque resulta imposible demostrar un efecto directo, a pesar de que las personas que lo toman experimentan una mejoría de su actividad de raciocinio, memoria y capacidad para desarrollar cualquier función.

La información más reciente, que yo mismo he confirmado en la práctica y con colegas que usan remedios naturales, es que existen tres factores que afectan al cerebro a medida que envejecemos. El primero y quizá más sorprendente es que este órgano se parece más a un músculo en cuanto a sus necesidades que a un ordenador cuyo «disco duro falla» al cabo de ochenta o noventa años. La fuerza de un músculo procede del ejercicio y se pierde con la inactividad. Existe un dicho referido a la salud que reza: «úsalo o lo perderás»; es decir, que si no se ejercitan los músculos con regularidad, desaparecerán su fuerza y su volumen. Algo similar ocurre con el cerebro. Los nuevos métodos para trazar el mapa de este órgano demuestran que funciona mejor cuanto más activa sea la mente. El deterioro es, en gran medida, una consecuencia de la inactividad.

Estoy seguro de que alguna vez habrá presenciado una situación como ésta. Dos personas trabajan en una fábrica, oficina o cualquier otro sitio durante cuarenta o cincuenta años, y esperan con ganas la jubilación. Ambos tienen buena salud y una historia familiar parecida. Cuando se jubilan a la edad de sesenta y cinco o setenta años, les queda al menos una o dos décadas de vida.

Uno de ellos opina que ya ha trabajado bastante y decide dedicarse a descansar y relajarse. Esta persona se vuelve deliberadamente sedentaria: ve la televisión, pesca, quizá pasa algún tiempo con sus hijos y nietos que viven en diferentes partes del país. En definitiva, en su vida hay poca actividad que sea mentalmente estimulante.

El segundo encuentra en el retiro una oportunidad para intentar hacer lo que siempre deseó. Quizá vea la televisión, pero durante poco rato y siempre en actitud activa, es decir, con un par de amigos o con la familia. Se reúnen para ver un programa, tal vez un documental, y luego lo comentan. En su caso la televisión estimula la conversación en lugar de anularla. Este individuo, mentalmente alerta, quizá se matricule en un centro de enseñanza para adultos, una escuela de la comunidad o un curso universitario; participa en actividades sociales como las relacionadas con el medio ambiente o se ha ofrecido voluntario para ayudar en colegios. Lee libros, resuelve crucigramas, visita museos.

En los últimos años, a medida que los ordenadores se han perfeccionado, las personas a las que les gusta estar al día de la más avanzada tecnología han tomado la costumbre de entregar los aparatos que han quedado un poco anticuados a centros para adultos, entidades religiosas, asilos u otros locales donde se reúnen los mayores. (El beneficio que pueden obtener al venderlos es escaso.) Se enseña a los ancianos a usar el correo electrónico, de modo que se mantienen en contacto con los miembros más jóvenes de la familia y sus amigos de forma más sencilla que con el tradicional o el teléfono. Bastantes navegan ya por Internet y curiosean en las páginas de conversación, donde pueden «hablar» sobre sus temas preferidos, conocer otras opiniones y mantener ocupada la mente.

Al comparar la jubilación de estas dos personas descubrimos que el activo conserva una capacidad mental más aguda, algo importante, por cuanto la inactividad mental es realmente destructiva para el cerebro. Por supuesto, esto no significa que deba usted realizar continuamente actividades intelectuales. Quienes van a pescar, cuidan de sus nietos o disfrutan con la jardinería o la costura tal vez no estimulen la mente, pero se sentirán relajados y encontrarán la paz necesaria para su bienestar. Lo saludable es el equilibrio.

En la actualidad hay tanta gente mayor que asiste a clases para adultos o realiza otras actividades que exigen el uso de la mente, que es preciso modificar las definiciones del término «envejecer». Ciertos estudios han demostrado que una persona de ochenta años que goza de buena salud puede efectuar todas las tareas diarias (hacer la compra, cocinar, pagar las facturas, limpiar la casa) con la misma eficacia que alguien de veinticinco años. Por tanto, ahora hablamos de vejez joven (de los sesenta y cinco a los setenta u ochenta) y vejez mayor (a partir de los ochenta u ochenta y cinco). De hecho ni siquiera estos estándares se ajustan siempre a la realidad, pues el estado de los ancianos depende en gran medida de la capacidad de los cuidadores para estimularlos de modo que conserven durante más tiempo su buena salud. Se han criticado muchos asilos y centros de asistencia porque los programas diseñados por el personal no estaban a la altura del potencial de los residentes.

En definitiva, es imprescindible ejercitar el cerebro. Es el primer factor para evitar los síntomas que, debido a un diagnóstico erróneo, se atribuyen a menudo a la senilidad, la enfermedad de Alzheimer u otras enfermedades.

El segundo aspecto vital que debe cuidarse es la circulación de la sangre en el cerebro. Si la sangre que pasa por los capilares no es rica y oxigenada, la mente se deteriora. Quien padezca de mala circulación tendrá dificultades para pensar por mucho que se le intente estimular. Pues bien, el *Ginkgo biloba* potencia el riego sanguíneo en el cerebro en mayor grado quizá que cualquier otro remedio natural.

El tercer factor (en realidad escapa al alcance de este libro, pero quiero mencionarlo para ofrecerle una visión completa) es la fosfatidil serina (FS). (¡A veces pienso que los científicos recurrimos a términos tan difíciles para demostrar lo listos que somos!) El cerebro fabrica FS para mantener la salud de las membranas celulares. A diferencia de la hormona producida por la glándula pineal, que al final ya no se necesita, a lo largo de la vida son necesarias y normales grandes cantidades de FS. El problema surge cuando el cerebro es incapaz de elaborar suficiente cantidad, ya que la falta de FS se relaciona con deficiencias de sustancias esenciales tales como la vitamina B_{12}, el ácido fólico y los ácidos grasos esenciales.

Normalmente se administra FS a las personas que padecen deterioro de la memoria. Es evidente que hay que seguir estimulando la mente y que su sistema circulatorio debe estar sano. Sin embargo, en el pasado muchos doctores que aplicaban remedios naturales se centraban sólo en el uso de la FS y excluían el *Ginkgo biloba*.

La FS actúa directamente en el cerebro. Se halla en todas sus células, y los suplementos, cuando son necesarios, entran en ellas. Regenera las células nerviosas y las membranas celulares de un modo que el *Ginkgo biloba* no es capaz de hacer. Con todo, no se trata de elegir uno u otro. El *Ginkgo biloba* contiene terpenos y flavonoides, y actúa como antioxidante. Ciertas enfermedades degenerativas de la mente asociadas al envejecimiento pueden, por tanto, ralentizarse o detenerse durante largos períodos gracias a su uso. Se ha comprobado en estudios doble ciego que las personas que padecen la enfermedad de Alzheimer se benefician del consumo del ginkgo; mantienen sus capacidades cognitivas, que en cambio se reducen en los individuos a los que se administra el placebo. Por otro lado, si el sistema circulatorio no está fuerte, el cerebro no puede estar sano. El *Ginkgo biloba* constituye, pues, un buen remedio y debería emplearse junto con la FS para tratar determinados trastornos.

Dado que la población envejece rápidamente, la enfermedad de Alzheimer se ha convertido en un mal tan temido como el cáncer. El problema estriba en que es difícil de diagnosticar y predecir. Parece que empieza a la edad de cuarenta años, aunque esto no es del todo cierto. En muchos casos se efectúa un diagnóstico equivocado, a veces debido a que la persona está internada en un asilo donde la inactividad, la ausencia de luz de espectro completo y una dieta rica en azúcar y pobre en vitamina B están a la orden del día. Esta persona muestra signos de deterioro mental permanente. Es cierto que son diversos los factores que ocasionan la degeneración mental, pero hemos de recordar que puede evitarse, posponerse o incluso revertir.

Creo que debería considerarse el *Ginkgo biloba* un remedio natural de carácter preventivo. Si empieza a tomarlo ahora mismo, aunque sólo tenga veinte o treinta años, se protegerá contra los daños cerebrales provocados por una grave oxidación. El riego sanguíneo de su cerebro estará sano, agudizará su memoria, se sentirá despierto y relajado, descubrirá que la vejez es una época de mayor independencia de lo que habría imaginado.

Las alergias y el *Ginkgo biloba*

La importancia del *Ginkgo biloba* se descubrió al observar su eficacia en la prevención o reducción de los ataques de asma. En realidad, el ginkgo reduce la gravedad de la mayoría de las reacciones alérgicas.

El organismo contiene una sustancia química llamada factor de activación plaquetaria (FAP). Cada vez que necesita que el sistema inmunológico entre en acción, actúa esta sustancia. Por ejemplo, si un germen ataca el cuerpo y una infección lo localiza, el FAP empieza a trabajar. Lo mismo sucede cuando le moquea la nariz o cuando sangra, a la espera de que se coagule la sangre.

Las reacciones alérgicas dan lugar a situaciones anormales. Los tubos bronquiales se ponen rígidos cuando sufre usted una reacción alérgica al polvo u otras partículas del aire. Entonces segrega un exceso de moco, y nota esa desagradable, penosa y húmeda sensación, tan familiar para los que padecen alergias. A veces cuesta respirar. Todo ello se debe a un exceso de FAP.

Aquí tiene la solución. El *Ginkgo biloba* bloquea el FAP, lo que contribuye a que la reacción alérgica se alivie o desaparezca. ¡Realmente milagroso! Pregunte a cualquier persona con alergia que haya probado el ginkgo. ¿Por qué no son más los doctores que prescriben ginkgo a sus pacientes con alergia? Por la naturaleza anecdótica del tratamiento.

Sabemos que un exceso de FAP supone un problema, y al parecer el ginkgo bloquea el FAP. Sin embargo, las personas aquejadas de alergias no siempre saben cuándo van a sufrir un ataque ni, en ciertos casos, cuándo están expuestas a las partículas o a lo que sea que les provoca la reacción. Si pudieran predecirlo, tal vez conseguirían evitarlo. Sólo saben que a lo largo de un año pueden padecer una docena de episodios alérgicos o más (a veces muchos más). Para conocer la eficacia del *Ginkgo biloba* en estas personas sería preciso que lo tomaran durante un largo período de tiempo, anotaran la frecuencia y gravedad de sus ataques y después compararan su experiencia con la que habían vivido antes de consumir el extracto como método de prevención. Cuando se han llevado a cabo estudios de esta clase, los resultados han sido positivos en el ciento por ciento, pero las investigaciones científicas, es decir, basadas en exámenes del cerebro y el sistema circulatorio, no pueden suministrar estadísticas para las alergias.

La Selección del Ginkgo

Las hojas del *Ginkgo biloba* se pueden tomar como infusión. Esta presentación sólo tiene un inconveniente. ¡El *Ginkgo biloba* apesta! Igual que las mofetas, las plantas macho y hembra del ginkgo fueron creadas la una para la otra, porque nadie más las querría. Su hedor me recuerda a la mantequilla rancia. Si prepara una infusión de las hojas, será mejor que su sentido del olfato esté atrofiado.

Por el contrario, un extracto normal de ginkgo, fácil de encontrar en tiendas de alimentación sana, farmacias o algunos supermercados, no tiene olor. Por lo general su precio es muy bajo. He descubierto que para la mayoría de las personas y gran parte de las afecciones bastan entre 80 y 150 miligramos al día. Compre la variedad que contiene un 24 por ciento de flavoglucósido.

6

LA TERAPIA
DE QUELACIÓN

A menudo oímos hablar de hechos que afectan a una sola región, no a todo el país, de modo que resulta fácil subestimar los peligros que nos amenazan a todos.

Una familia de Arizona se dirige hacia el sur, en dirección a México, para comprar unos objetos de cerámica. Entre ellos adquieren un jarrón pintado con brillantes colores tan bonito que deciden usarlo como recipiente de cocina. Lo lavan, lo llenan de zumo de naranja y les encanta ponerlo cada mañana en la mesa del desayuno.

Al cabo de un tiempo, algunos miembros de la familia advierten ciertos cambios en su cuerpo. Les cuesta pensar, sufren dolores de cabeza frecuentes y a menudo agudos. Los otros notan que su conducta se parece bastante a la de las personas con alguna lesión o defecto cerebral.

Los niños son los que parecen más enfermos; están distraídos, sacan peores notas en el colegio, se mueven con torpeza. Cuando les examina un doctor, que les somete a varias pruebas para determinar si tienen tumores cerebrales u otros problemas, ya han sufrido lo que puede ser una pérdida permanente de inteligencia.

Por fin, y sólo a partir de un proceso de eliminación, el médico localiza el problema. La familia padece una intoxicación de plomo provocada por la jarra de vivos colores. La cerámica había sido decorada con una pintura a base de plomo que, debido al ácido cítrico del zumo de naranja, lo contaminaba. Cada vez que la familia lo bebía, ingerían el plomo y por consiguiente se intoxicaban

En el este y el oeste del país se han producido tragedias similares en familias que compraron casas viejas. Las pinturas utilizadas en dichas viviendas estaban elaboradas a base de plomo, con el tiempo se descascarillaban, las virutas se acumulaban en los alféizares u otros lugares y los niños pequeños se manchaban los dedos con ellas y se las llevaban a la boca. A veces se advertía el peligro al realizar revisiones médicas. Cuando esto sucedía, se rectificaba rápidamente la situación antes de que se produjera una lesión importante. En otros casos, se descubría la gravedad de la situación sólo cuando las criaturas habían sufrido ya un daño permanente en el cerebro.

Otra fuente de intoxicación por metal son las cañerías viejas. El plomo de las soldaduras, el cobre y otros restos de metal son transportados por el agua que bebemos o utilizamos para cocinar, como ya vimos en los capítulos precedentes.

Incluso en las comunidades donde no es tan común encontrar rastros de metales, el medio ambiente puede constituir un factor de riesgo. Ciertas industrias expulsan al aire determinadas materias en forma de partículas, y nosotros las respiramos. Suelen ser invisibles, insípidas e inodoras, o estamos tan acostumbrados que pensamos que el aire que respiramos es «normal».

El calcio puede provocar otro problema que a menudo subestimamos. Seguro que de niños nos enseñaron a todos cuán valioso es el calcio. «Bebe leche —le aconsejaban sus padres— para que se te fortalezcan los huesos y tus dientes estén sanos.»

Al llegar a la menopausia se recomienda a las mujeres aumentar su ingestión de calcio, de modo que mastican chicles antiácidos que contienen calcio o toman productos lácteos en cada comida. Tal vez decidan comer alimentos ricos en calcio como la col rizada o el brécol. Al fin y al cabo, se las ha avisado del deterioro de la masa ósea que acompaña al envejecimiento. Para las personas mayores, incluidos los hombres, es mucho mejor combinar un consumo mayor de calcio con ejercicios de halterofilia. Valen incluso las pesas ligeras.

El problema es que el calcio puede también trabajar en contra de usted. Esto no significa que deba prescindir de él. El calcio es el mineral más abundante del cuerpo, en el que el 99 por ciento se halla en los huesos. Sin embargo, como sucede con el agua, que puede salvarle la vida o acabar con usted si se ahoga, el calcio presenta un lado negativo.

Uno de los problemas más graves asociados al calcio es su función en la formación de la placa arterial. Ésta se compone de grasas, colesterol y otras sustancias que, cuando se unen por la acción del calcio, se adhieren a las paredes de las arterias grandes y medianas. Cuanto más gruesa es la capa de placa, menor es la abertura por la que fluye la sangre.

Muchas personas quieren saber si son propensas a padecer esta afección. Creen que la provocan otros factores, en especial las grasas. Sin embargo, lo cierto es que cualquiera que presente una deficiencia de antioxidantes puede sufrirla, al menos potencialmente. Los antioxidantes evitan que la placa se forme y crezca. Así pues, aunque usted siga una dieta baja en grasas que cree es saludable, si su concentración de antioxidantes no es la adecuada no estará a salvo.

Tal vez al principio no note nada preocupante. Después

quizá sienta dolor o rigidez en el pecho que más tarde se extienda hacia el lado izquierdo, hasta afectar el brazo izquierdo, la mandíbula o el mentón. Acaso sienta que se cansa o que le falta el aire. Si el problema es leve, es posible que lo achaque a un exceso de trabajo. De hecho, lo que está padeciendo es una angina de pecho o quizá un infarto.

El concepto del envejecimiento ha cambiado de manera tan radical que ya no es extraño ver a hombres y mujeres de cincuenta o sesenta años practicar distintos deportes: aeróbic, tenis, béisbol, *footing* o atletismo. La actividad del mundo de los negocios se ha vuelto más intensa y la gente trabaja más horas que en épocas pasadas. En nuestra cultura es normal sentirse cansado. La fatiga se ha convertido casi en un motivo de orgullo, una demostración de que trabajamos de firme. Como resultado, se hace caso omiso de los síntomas del crecimiento de la placa. Es posible que usted padezca una afección cardíaca que nunca se le haya diagnosticado debido a que los síntomas se atribuyen a su estilo de vida.

En los casos más leves, la enfermedad coronaria parece al principio acidez de estómago o indigestión. Por tanto, usted echa la culpa a las salsas picantes y decide comer platos más suaves. Mientras tanto, la placa, compacta gracias a la acción del calcio, se torna cada vez más gruesa, y las aberturas de sus arterias se estrechan más. Paradójicamente el calcio, que tan esencial resulta para gozar de buena salud, la destruye.

Otros problemas circulatorios se manifiestan a medida que envejecemos, como la gangrena de las extremidades. Así pues, la cuestión es eliminar el exceso de minerales, que han pasado a ser enemigos de la buena salud.

Una forma de liberarse del exceso de toxinas, metales y minerales que perjudican la salud es la terapia de quelación. Es un tratamiento mínimamente agresivo, ya que no requiere cirugía, con todos los riesgos que ésta comporta. Por el contrario, puede recibirse mediante la ingestión oral de un producto fácil de encontrar en los comercios o con la administración intravenosa de un quelante (EDTA), que debe dispensarle un médico y que enseguida paso a explicarle.

Durante muchos años se aconsejaba la cirugía a pacientes con dolores de pecho, como la angina. Quien sufre de angina siente una opresión dolorosa en el tórax siempre que realiza una actividad física. La arteriosclerosis, bloqueo causado por la placa en las arterias que transportan la sangre al corazón, provoca que éste no reciba suficiente oxígeno.

La angina es muy peligrosa y requiere seguimiento médico. El tratamiento tradicional consiste en medicar al paciente hasta que no queda más remedio que operar. Entonces se le somete a una intervención para realizarle un *bypass* de la arteria coronaria o bien una dilatación de la arteria coronaria (angioplastia). Ambos procedimientos suelen ofrecer buenos resultados, pero la cirugía del corazón constituye un trauma que debe evitarse a toda costa.

El peligro inherente al tratamiento quirúrgico de la angina, así como de otros trastornos coronarios, reside en que debe abrirse el pecho mientras el paciente está anestesiado. Cualquier operación efectuada bajo anestesia general se considera «mayor» y entraña un riesgo de vida o muerte. Nadie está seguro de cómo reaccionará el enfermo; de hecho algunos fallecen a causa de la anestesia. El riesgo es pequeño (y ciertamente menor que el de no intervenir cuando es necesario), pero no deja de ser un problema.

Sin duda comprenderá que «abrir el pecho» para dejar a la vista el corazón representa un hecho traumático para todo el cuerpo. Además expone al paciente al riesgo de contraer una infección tanto durante la operación como en la fase de recuperación, cuando se dejan temporalmente dentro del cuerpo los tubos de drenaje.

A esto se añade que la máquina corazón-pulmón (un oxigenador y bomba de sangre que se emplea cuando se para el corazón en las operaciones quirúrgicas) provoca problemas a los pacientes. Cuando hay que volver a activar el corazón al final de la intervención, se le envían unas descargas para que empiece a latir de nuevo, y entonces se apaga la máquina corazón-pulmón. Por desgracia, el aparato funciona como una batidora mientras bombea la sangre, ya que agita las células de la sangre, lo que en muchos casos provoca daños a largo plazo. Puede asimismo ocasionar una coagulación anormal de la sangre que vuelve al cuerpo del paciente. Entonces se formarían pequeñas embolias (coágulos de sangre) que, de llegar al cerebro, causarían apoplejías leves. Algunos pacientes, al recuperar la consciencia, descubren que han perdido ciertos recuerdos sobre sus seres queridos, tareas del trabajo y demás conocimientos cruciales. Otros necesitan terapia. En algunos casos los familiares se sienten agradecidos porque los enfermos siguen vivos, pero no pueden evitar estar apenados al ver los cambios de carácter que han experimentado.

En la actualidad, los problemas que se derivan de la máquina corazón-pulmón se han obviado en gran medida por el uso de los anticoagulantes, que se administran tanto antes como después de la operación. Los anticoagulantes minimizan los trastornos de la coagulación, pero si no se toman en las dosis adecuadas pueden provocar otras dificultades debido a sus propiedades como fluidificantes de la sangre. Este peligro se manifiesta cuando el paciente se siente confuso, lo que ocurre con mayor frecuencia en los ancianos y aquellos que han sufrido infartos leves.

Por último, quienes se someten a cirugía coronaria tienen muchas probabilidades de padecer una depresión hasta dos semanas después de la intervención. Se debe a una reacción biológica. El convaleciente en ocasiones rompe a llorar sin motivo. No es nada grave, pero debemos intentar evitarlo.

Éstas son algunas de las razones por las que no se debería recurrir a una operación si existe una alternativa segura y razonable.

La terapia de quelación, o terapia del ácido etilendiaminotetraacético (EDTA), nombre técnico de este procedimiento escasamente invasivo, se emplea en el tratamiento de problemas de angina con bajo riesgo. Se basa en las propiedades de ciertos agentes químicos que actúan como quelantes. Dichos agentes se adhieren a la sustancia extraña y la eliminan.

La EDTA es una sustancia química que inyectada por vía intravenosa, actúa como quelante. Otros elementos que actúan como quelantes se ingieren por vía oral como, por ejemplo, el ajo, la vitamina C y la pectina. El método de quelación intravenosa es mucho más eficaz.

¿Se acuerda de cuando aparecieron en el mercado los pegamentos Superglue? En los anuncios de la televisión se veía un coche suspendido en el aire, unido a una grúa sólo por una gota de esta cola tan potente. Cuando iba a la tienda a comprarlo, se le recordaba que el riesgo de que usted se quedara pegado a una mesa o una silla era tan grande que convenía adquirir además un tubo de cierta sustancia química que neutralizaba el producto. En realidad se trataba de una especie de acetona, como la que se emplea para quitar esmalte de uñas, que conseguía debilitar la fuerza del pegamento.

En el caso de la arteriosclerosis, el calcio actúa como una potente cola que aglutina el colesterol, las grasas y otras sustancias que forman la placa que provoca el atasco en las arterias. Los quelantes actúan como la acetona, en el sentido de que se unen al calcio y ayudan a expulsarlo del cuerpo. Y sin calcio, no hay pegamento biológico: la placa se deshace y el organismo la libera, con lo que sus arterias se desatascan sin necesidad de recurrir a una operación quirúrgica.

Si jamás había oído hablar de la terapia de quelación EDTA es porque esta técnica no se enseña a los cardiólogos en la facultad. Por el contrario, se les inculca que lo más recomendable es recurrir a los procedimientos cardíacos invasivos. Uno de los primeros argumentos en contra de los procedimientos invasivos para el tratamiento de la angina lo esgrimió el doctor Thomas Graboys, que lo expuso en el ejemplar del 11 de noviembre de 1992 de la revista *Journal of the American Medical Association*. El doctor Graboys, un cardiólogo de Harvard, estudió a 168 pacientes con angina a quienes había recomendado someterse a un angiograma, un procedimiento de cateterización arterial usado para visualizar el corazón y sus vasos sanguíneos. Se trata de una técnica invasiva.

Lo primero que hizo el doctor Graboys fue confirmar el diagnóstico mediante un ecocardiograma (por ondas acústicas), una prueba de estrés y ejercicio, y la colocación a cada paciente de un monitor de corazón que debían llevar puesto durante veinticuatro horas. Una vez hecho esto, descubrió que 134 de los 168 pacientes no necesitaban la cateterización. Con el resto, que presentaba trastornos más graves pero no se enfrentaban a una crisis inmediata, probó métodos como el de modificar su medicación durante dos meses. Al final de este período sólo seis pacientes mostraban señales de necesitar la angioplastia.

El doctor Graboys concluyó que a menudo no son necesarias las técnicas agresivas. A pesar de que no defendía la quelación EDTA, este método podría haber dado buenos resultados en la mayoría de los pacientes estudiados. La grave lesión que los otros seis pacientes presentaban en el corazón imposibilitaba la aplicación de un método alternativo.

¡Más importante aún, se sabe que algunos pacientes con el corazón sano pueden sufrir un bloqueo completo de los vasos sanguíneos coronarios y recuperarse sin necesidad de recurrir a una operación quirúrgica.

La terapia de quelación EDTA no sólo ayuda a desprender los depósitos de calcio que forman la placa en los vasos sanguíneos, sino que además elimina el exceso de cobre y hierro. Esto es importante porque, como ya hemos comentado, un exceso de minerales como el cobre y el hierro facilita la formación de radicales libres, que pueden dañar las arterias. Así pues, la EDTA desempeña dos funciones vitales al mismo tiempo.

De hecho, para el tratamiento de problemas circulatorios causados por la acumulación de metales tóxicos la terapia oral de quelación se considera segura y valiosa. Se ha empleado para combatir la enfermedad de Alzheimer, la artritis, la esclerosis múltiple y la enfermedad de Parkinson, con unos resultados prometedores según los médicos y los pacientes. A pesar de que existen sólo pruebas aisladas de su eficacia, incluso las voces más críticas no son capaces de plantear ninguna objeción.

Comentemos ahora la terapia intravenosa de quelación EDTA, que ha despertado cierta polémica que usted debe conocer. Pero antes le presentaré los antecedentes. Cuando una empresa farmacéutica desarrolla un tratamiento, se crea una patente para un período limitado de tiempo. Mientras la compañía es propietaria de la patente, se dedica por razones económicas a buscar todos los medios posibles para que se aplique dicho tratamiento. La patente de la EDTA fue propiedad en un principio de los laboratorios Abbott, que investigaron exhaustivamente sus aplicaciones hasta que la patente expiró, hará unos treinta años. Entonces, al pasar la EDTA a ser de dominio público, la empresa ya no tenía ningún incentivo para proseguir sus investigaciones, de modo que dirigió su atención a otras áreas y dejó la EDTA al sector privado. Por desgracia, los fondos para la investigación en el sector privado suelen provenir de las compañías farmacéuticas interesadas en financiar trabajos acerca de los productos patentados, no sobre los que no les proporcionarán beneficios económicos. Como resultado, no se invirtió en el estudio de la EDTA. Además, la terapia de quelación EDTA no obtuvo el apoyo de los cirujanos cardiovasculares. Si se gana usted la vida con el bisturí, probablemente no se contará entre quienes apoyan procedimientos no invasivos.

En contraposición al declive del estudio experimental y práctico acerca de la terapia de quelación EDTA, en 1972 un grupo de médicos que la aplicaban creó el American College for the Advancement of Medicine con el propósito de formar a otros médicos. Ésta es una de las razones por las que este tratamiento sobrevivió y empieza ahora a conseguir cierto reconocimiento.

Para ser del todo justos hay que mencionar que hubo un tiempo en que la terapia EDTA provocó fallos renales que causaron la muerte. El quelante se inyectaba demasiado rápido y contenía un factor tóxico que dañaba los riñones. Sin embargo, esto sucedió en los primeros momentos de la investigación y aplicación.

Con el paso del tiempo se describió el procedimiento adecuado para aplicarla. Durante más de una década la Food and Drug Administration de Estados Unidos (organismo que controla los productos alimentarios y farmacéuticos) ha presentado informes que avalan su seguridad. Según lo que he leído, más de medio millón de pacientes han recibido terapias de quelación EDTA, sin que se hayan producido muertes ni, en la mayoría de los casos, efectos secundarios adversos. Además, existen pruebas concluyentes de que es un tratamiento excelente para diversas enfermedades vasculares, así como para la angina de pecho. La mayor parte de las críticas que se plantean no tienen en cuenta los muchos descubrimientos que sobre la seguridad y eficacia de la terapia de quelación EDTA se han efectuado en los últimos años.

La terapia de quelación EDTA, todo hay que decirlo, no debe aplicarse por capricho. En primer lugar, el paciente debe someterse a un examen exhaustivo que incluya pruebas del funcionamiento de los riñones y el hígado; análisis de colesterol, sangre, electrólitos y glucosa; radiografía del pecho y electrocardiograma; análisis de la concentración de minerales y vitamina B_{12}. Algunas de estas pruebas, como la renal y la sanguínea, se repetirán varias veces a lo largo de la terapia de quelación.

La forma de administración variará en función del estado del paciente. Lo normal son dos tratamientos a la semana, cada uno de tres horas de duración. Se acompañará de suplementos nutricionales según las necesidades. Éstos suelen incluir pequeñas cantidades de minerales, vitamina C y magnesio. Probablemente mientras se aplica la terapia será preciso fortalecer el organismo con complejos de vitamina B, zinc y cromo, que se agregarán a cualquier suplemento de vitaminas y nutrientes que se esté tomando.

Si tiene algún problema que requiera terapia de quelación, puede empezar a ayudarse modificando su alimentación y los suplementos nutricionales que consume. Mientras recibe el tratamiento, tendrá que tomar los minerales esenciales que están siendo eliminados. Deberá tomar hierro de una fuente natural, como las melazas negras; además de suplementos de alfalfa, alga marina y zinc. Tenga presente que los suplementos de zinc deben ingerirse con alimentos ricos en sulfuro, ya que el zinc inhibe la acción del sulfuro. Para contrarrestar este efecto, coma legumbres, cebolla y ajo, alimentos todos ellos ricos en sulfuro.

Su dieta básica será similar a la que se recomienda a personas con enfermedades cardíacas o colesterol alto. Le convendrá añadir alimentos ricos en fibra y agua destilada, así como bebidas proteínicas o bien un suplemento que contenga los aminoácidos esenciales. Asegúrese de que los suplementos que toma son completos. Por ejemplo, los aminoácidos únicamente son eficaces si el suplemento los contiene todos. Es decir, no trabajan bien solos.

Además, su alimentación debe ser rica en manganeso, ya que es un agente quelante que impide el paso del calcio a las células de las arterias. Aportan manganeso el trigo integral, el alforfón, los guisantes secos majados, las nueces del Brasil, la cebada y las pacanas.

Para terminar, si desea obtener información acerca de las terapias de quelación, encontrará una buena fuente de referencia en el American College for the Advancement of Medicine, P.O. Box 3427, Laguna Hills, CA 92654.

7

MANTENIMIENTO HORMONAL NATURAL

Es un hecho innegable que en los últimos siglos la investigación médica ha considerado a las mujeres ciudadanos de segunda clase. Los doctores e investigadores eran hombres. Los individuos que se sometían a las pruebas eran hombres casi siempre, y la mayoría de los médicos asumía que todos los cuerpos funcionaban igual que el «cuerpo ideal», o sea, el masculino.

Y no es que los investigadores fuesen tontos. Conocían las diferencias entre la anatomía masculina y la femenina. Comprendían que existía una química compleja que permitía a la mujer quedar embarazada, llevar al bebé en su seno hasta el parto, dar a luz y proporcionarle la nutrición esencial durante los primeros meses de vida. Sin embargo, los patrones de diagnóstico y tratamiento se basaban sobre todo en la fisiología masculina y, como resultado, muchas mujeres sufrían innecesariamente problemas físicos o fallecían debido a la ignorancia de los médicos.

Curiosamente, no siempre ha ocurrido así a lo largo de la historia. En tiempos de Lucas, doctor y autor de dos de los libros del Nuevo Testamento, los médicos eran en su mayoría mujeres. En el siglo I de nuestra era se extendió la aplicación de la medicina entre los romanos, y se cree que la mayoría de los facultativos de aquella época eran mujeres. De hecho, sus conocimientos eran tan avanzados que casi todos los procedimientos quirúrgicos llevados a cabo por los médicos estadounidenses en 1950, incluida la cirugía oftalmológica, ya se realizaban en Roma en el siglo I. La diferencia, una diferencia crucial, era que los antiguos carecían de conocimientos sobre la antisepsia. Dominaban las técnicas, pero sus pacientes morían a causa de las infecciones. Este problema atormentó a médicos y cirujanos hasta mediados del siglo XIX, cuando Joseph Lister definió el concepto de antisepsia.

En la actualidad muchas personas consideran ignominioso el envejecimiento de las mujeres. Éstas se sienten avergonzadas cuando alcanzan la menopausia, y a las de «cierta edad» se las tacha de inútiles. Esto explica por qué las heroínas de las películas rara vez tienen más de cuarenta años, mientras que a los hombres diez años mayores se les presenta como galanes a pesar de sus mejillas fláccidas y su pelo gris; y por qué, en el mundo de los negocios, si una mujer defiende su posición con argumentos astutos, se cree que no durará mucho en su cargo, en el caso de las mujeres maduras, o bien se mofan de ella tildándola de «promesa», si es joven. Por esta razón existe toda una industria dedicada a cortar, coser, succionar grasas, inyectar colágeno y, en definitiva, convertir la piel femenina en una patética y tiesa parodia de la naturaleza, y todo en nombre de la lucha contra el envejecimiento.

Cuando a comienzos de este siglo las mujeres se reintegraron a la profesión médica, al principio no les fue posible cambiar el modo en que se llevaban a cabo las investigaciones, ya que se les animaba a dedicarse a la medicina de familia, la pediatría, la obstetricia o la ginecología; no las encauzaban hacia la investigación o los dominios masculinos como la cirugía. Como resultado, ayudaban a sus pacientes femeninas lo mejor que podían confiando en lo que les había funcionado a ellas mismas. Sin embargo, introdujeron pocos cambios en los tratamientos médicos.

En la década de los cincuenta, cuando la investigación médica abría nuevos caminos, todavía se las consideraba ciudadanas de segunda clase, incluso a sabiendas de que durante la Segunda Guerra Mundial habían disfrutado de la libertad y un nuevo estilo de vida. Durante la contienda, debido a la falta de hombres, muchas mujeres emigraron del campo a la ciudad, consiguieron empleos en astilleros y fundiciones, en fábricas y empresas de construcción. Conducían camiones, distribuían el correo y a menudo desempeñaban trabajos bien remunerados que antes se les habían negado. Sin embargo, cuando acabó la guerra y regresaron los hombres, se trató de reproducir el pasado en un mundo que había cambiado.

En los años cincuenta la extensión de las grandes autopistas y la creación de zonas residenciales para la floreciente clase media propició la aparición de una nueva cultura. Ya no se contaba con las mujeres para desempeñar trabajos de responsabilidad; se las relegó a los peor retribuidos. La mayoría de la gente vivía en ciudades y zonas residenciales, no áreas rurales. Lo normal era que el hombre saliera de casa temprano por la mañana para dirigirse a su trabajo en tren, autobús o coche y no regresar hasta la noche. Entretanto, la mujer cumplía con sus funciones de madre, cocinera, señora de la limpieza y chófer, ente otros, daba de cenar a los niños antes de que el padre volviera y luego preparaba la cena sólo para él.

En cierto modo, las zonas residenciales se convirtieron en agrupaciones de casas uniparentales. La madre estaba con los niños toda la semana. Se esperaba que los fines de semana el padre se dedicara a realizar reparaciones en el hogar, asistiese a misa y descansara. Las actividades con los niños eran algo secundario.

Un vistazo a la cultura popular de los años cincuenta revela por qué, durante el auge de la investigación médica (se dice que el desarrollo de la medicina entre 1950 y 1965 equivale al que se había producido desde el inicio de su historia hasta 1950), las mujeres no se incluyeron en ella. Se las calificaba de cabezas huecas e impredecibles. El personaje que daba título a la serie *I Love Lucy*, creado por Lucille Ball, no era más que una ligera exageración de la percepción que los hombres tenían de sus esposas, hijas y novias. Los dibujos animados, los programas de televisión y las películas siempre jugaban con esta idea. A las mujeres se les recetaban de manera desproporcionada estimulantes, tranquilizantes y pastillas para dormir, y las revistas dedicaban grandes espacios a comentar la volubilidad de las mujeres, especialmente cuando alcanzaban la menopausia.

El control de la natalidad tenía menos que ver con la elección de la mujer o con su derecho a la reproducción que con la libertad de los hombres para tener relaciones íntimas cuando quisieran. Las enfermedades de transmisión sexual eran peligrosas, pero pocas personas creían que los condones y las pastillas anticonceptivas (disponibles desde 1961) guardaban relación con la salud. Más bien se pensaba que la única misión de los condones u otros métodos similares de «protección» era evitar los embarazos.

Al quedar las mujeres relegadas a una situación de inferioridad la medicina avanzó muy lentamente en el tratamiento del cáncer de mama, ovarios, enfermedades cardíacas y otras dolencias que las afectaban. Los experimentos sobre fármacos solían probarse en hombres, por lo que durante mucho tiempo se hizo caso omiso de su efecto sobre las mujeres, razón por la que la «inofensiva» talidomida provocó que miles de mujeres dieran a luz niños con deformaciones, a pesar de que se había sometido a pruebas exhaustivas.

La píldora anticonceptiva trajo consigo otros problemas. En ningún momento de la historia las mujeres habían usado hormonas como las que contenía la píldora. Si bien produjo un cambio en la sociedad al animar la revolución sexual (la creencia de la generación anterior respecto a la monogamia sexual fue reemplazada por la práctica del sexo libre), supuso al mismo tiempo un perjuicio para muchas mujeres. Aquellas que padecían dolores de cabeza y migrañas sufrieron más episodios. A veces, cuando esto ocurría, el error de dejar de tomar la píldora desembocaba en un infarto.

Otro fármaco milagroso de la época posterior a la Segunda Guerra Mundial fue el dietilestilbestrol (DES). Desde 1945 hasta 1971 se administró DES con magníficos resultados a mujeres con tendencia a sufrir abortos o con diabetes del embarazo (es decir, la que comienza durante el embarazo). Las que habían perdido uno o más bebés por aborto natural consiguieron dar a luz. Las que habían experimentado una reacción diabética recuperaron la salud. Además la ciencia descubrió que el DES funcionaba de maravilla para engordar a los animales. Por tanto, como se utilizó para alimentar al ganado, casi todos los hombres, mujeres y niños de la nación ingirieron este fármaco.

¿Por qué se abandonó su consumo después de 1971? Había transcurrido tiempo suficiente para que la ciencia descubriera que el DES, un estrógeno sintético, causaba numerosos problemas. Las mujeres sufrían trastornos que afectaban a la reproducción y corrían el riesgo de desarrollar enfermedades inmunológicas. Los hombres tenían menos semen y esperma, además de padecer problemas en el desarrollo de sus órganos reproductores.

En la actualidad las pastillas anticonceptivas y los implantes han mejorado. A las mujeres se les habla desde la adolescencia del estrógeno, la progesterona (la progestina es el nombre de un sintético) y la testosterona. A muchas se les enseña a ver su cuerpo como un laboratorio químico al que le faltan unas sustancias necesarias para que funcionen las fórmulas.

En lugar de considerar que el cuerpo femenino es una fábrica natural que puede ser estimulada con una alimentación adecuada, las empresas farmacéuticas animan a las mujeres a creer que sus cuerpos son antinaturales e inferiores de algún modo al de los varones. Es como si Dios hubiera creado a Adán y luego hubiera subcontratado a General Motors para la fabricación de Eva un día en que los trabajadores iniciaron una huelga después de la hora de comer. El organismo femenino posee todo lo que necesita, pero nada funciona demasiado bien y requiere una puesta a punto.

El resultado es que muchos médicos y compañías farmacéuticas ganan grandes sumas de dinero alimentando los miedos y las conductas neuróticas de las mujeres. Entre los mitos más extendidos figuran el de que la menstruación es motivo de vergüenza, la ovulación, algo anormal, y los cambios mensuales de la bioquímica, una especie de amenaza. (He hojeado un tratado de psiquiatría que incluye el estrés premenstrual en la lista de enfermedades mentales.) La menopausia se considera una sentencia de muerte que pesa sobre todas las mujeres. De hecho, se cree que éstas no conseguirán hacer frente a su vida sin las sustancias químicas externas suministradas por las empresas farmacéuticas y recetadas por los médicos. Es como si ninguna mujer disfrutara de una vida plena a menos que se inyectaran hormonas. O como si les fuera imposible gozar de buena salud. Quizá la mayor tragedia es que muchas mujeres hacen caso de estas tonterías, ya que el asunto de las hormonas casi nunca se explica ni se comprende.

Esto mismo sucede cada vez más entre los hombres, como queda ejemplificado con la reciente locura de la Viagra. Consideremos la siguiente situación: de adolescente, un hombre puede tener varios orgasmos al día, y en algunos períodos tempranos de la pubertad el joven piensa en el sexo una vez por minuto como promedio, según los investigadores. Las erecciones son frecuentes, y las eyaculaciones nocturnas, algo común. Cuando está solo, recurre a la masturbación para aliviar la tensión sexual. Al igual que les ocurre a las mujeres, la química del cuerpo cambia a medida que nos hacemos mayores, y la satisfacción sexual aumenta. El hombre adulto es mucho más capaz de mantener una erección y satisfacer a una mujer, la cual experimenta el máximo placer sexual cuando es mayor. Se alarga el juego amoroso previo. Es menos probable que el hombre eyacule antes de que la mujer alcance el orgasmo, y su placer emocional es más intenso de lo que hubiera sospechado en su juventud. Sin embargo, el temor a no ser capaz de mantener una relación sexual con la frecuencia que le gustaría o a hacerlo peor ha llevado a muchos varones a adquirir la Viagra y las inyecciones de testosterona, aunque su apetito sexual fuese normal. En consecuencia, algunos han padecido reacciones adversas, incluida la muerte.

Sin embargo, existen numerosos métodos no farmacéuticos para paliar los problemas leves de la función sexual que padecen los varones. En primer lugar, algunos sólo necesitan sustituir los calzoncillos ajustados por los calzones tipo *boxers*, ya que los testículos deben estar fríos para funcionar mejor. Quienes practican deportes como el ciclismo, que hacen que los testículos se calienten, siguen un proceso para enfriarlos a continuación. Otros recurren a alternativas nutricionales como el sabal, la vitamina E, el zinc y similares, que combinados con un moderado cambio de alimentación y ejercicio físico se convierten en métodos seguros para mejorar la capacidad sexual.

La diferencia entre hombres y mujeres es que los primeros hace poco tiempo que se han convertido en el objetivo de las empresas farmacéuticas. Por tanto, sólo ahora han empezado a preocuparse tanto por esta faceta de su vida que buscan modos de cambiarla.

DESEQUILIBRIO HORMONAL

La llegada de la menstruación es el momento en que la mayoría de las mujeres se hacen conscientes de la existencia de las hormonas. La mayoría presenta síntomas premenstruales un par de semanas antes: calambres, ansiedad, nerviosismo, dolor de espalda, hinchazón de los pechos, acompañado todo ello a veces de fragilidad emocional, dolores de cabeza, insomnio, retención de líquidos, abultamiento del abdomen, antojos de algún alimento, depresión, episodios de desfallecimiento, acné, erupciones cutáneas y cambios de carácter. Éstos últimos incluyen desde accesos de ira a variabilidad de humor, pensamientos suicidas y, en casos extremos, conducta violenta.

Lo más grave para muchas mujeres son los cambios de humor, que además dan pie a la mayoría de chistes y prejuicios. De hecho, durante muchos años se las ha excluido de los puestos de responsabilidad con el argumento de que el síndrome premenstrual (SPM) les imposibilita desarrollar su trabajo en situaciones de presión o en crisis. Se decía que una mujer no podía convertirse en presidenta de Estados Unidos porque el SPM limitaría su capacidad para enfrentarse a la tarea. A quienes proponían candidatas a la presidencia se les preguntaba: «¿Le gustaría que una mujer, presa de un ataque de furia porque le va a venir la regla, tenga en sus manos el botón nuclear?»

Las últimas estadísticas de que disponemos muestran que aproximadamente el 5 por ciento de las mujeres presentan síntomas premenstruales lo bastante graves para incapacitarlas. También se ha descubierto que entre un 30 y un 40 por ciento sufren síntomas tan graves que interfieren en su vida cotidiana. Sin embargo, estos problemas pueden reducirse o eliminarse, sobre todo mediante cambios en la alimentación y la actividad física.

El desequilibrio hormonal, que es la causa habitual del

SPM, consiste en una cantidad inadecuada de progesterona y un exceso de estrógeno. Esto suele provocar retención de líquidos, problema que puede parecer leve hasta que se comprende que afecta de modo adverso a la circulación. Al oxígeno le cuesta llegar al cerebro, el útero y los ovarios.

La alimentación constituye un factor del desequilibrio hormonal y de la reacción consecuente. La carne y los productos lácteos en ocasiones contribuyen a este desequilibrio, porque a muchos animales se les alimenta con hormonas para acelerar su crecimiento o estimular la producción de leche. El problema se agrava cuando las mujeres, preocupadas por la disminución de la densidad de los huesos, aumentan su consumo de leche.

Advertencia. Estamos hablando de la carne y los productos lácteos, no de fuentes de calcio en general como el brécol y la col rizada. La hipoglucemia, la absorción deficiente, las alergias a alimentos y otros trastornos también están asociados con el SPM. A ellos hay que sumar la deficiencia de vitaminas y minerales, la depresión clínica y las concentraciones irregulares de betaendorfinas.

El estudio de las betaendorfinas se inició hace poco tiempo. Tal vez no le resulte familiar el término, pero si usted practica mucho deporte o ha oído hablar alguna vez a un atleta sobre la sensación de «superar el punto álgido», ya sabe qué son. El organismo produce estas sustancias, parecidas a los narcóticos, para paliar el dolor y el malestar.

Los corredores de largas distancias se topan con las betaendorfinas cuando «superan el punto álgido», o sea, cuando han llegado al punto en que no experimentan malestar. Al principio muchos notan sólo la tensión del esfuerzo. Son conscientes de cada zancada, respiran con dificultad y a menudo perciben una sensación abrasadora en los pulmones. Como les duelen los músculos, probablemente se arrepentirán de haberse apuntado a la prueba. Sin embargo, de repente se sienten bien.

Aún les cuesta respirar, pero ya no desean abandonar. Tienen la impresión de que podrían mantener el mismo ritmo todo el día si fuera necesario. Han superado el punto álgido.

En realidad lo que ha sucedido es que el cuerpo ha comenzado a producir unos analgésicos naturales, las betaendorfinas; la misma droga natural que se segrega durante el parto para aliviar los dolores, la misma droga natural que se genera durante la relación sexual, cuando la fricción podría resultar dolorosa para la mujer si no fuera por esta sustancia.

A las mujeres que padezcan síntomas premenstruales y quieran contrarrestarlos con remedios naturales les recomiendo que coman mucha fruta y verdura frescas, cereales integrales, judías, pan, guisantes, nueces, cereales, lentejas, pavo cocido y pescado. Entre las comidas deberían tomar tentempiés ricos en proteínas.

Desde una semana antes hasta una semana después de la menstruación beba al menos un cuarto de litro de agua destilada al día, que se sumará a la cantidad normal de líquidos que ingiere.

Evite la sal, la «comida rápida» y las carnes rojas, o cuando menos no las consuma una semana antes del comienzo de los síntomas. Recuerde que la sal contribuye a crear la sensación de hinchazón y la retención de líquidos.

Ingiera pocos productos lácteos, ya que bloquean la absorción de magnesio y aumentan la excreción urinaria. El azúcar refinado, además, incrementa la pérdida de magnesio.

Evite la cafeína, que está asociada con la sensibilidad en los pechos. Además es un diurético y puede aumentar la ansiedad.

Lo ideal es no consumir alcohol ni azúcar de ninguna clase durante la semana previa a la aparición de los síntomas, ya que contribuyen a la pérdida de valiosos electrólitos, como el magnesio, en la excreción.

También debería plantearse seguir una dieta a base de zumos naturales y espirulina varios días antes de que aparezcan los síntomas que anuncian la menstruación.

La preocupación por el estrógeno y la progesterona surge de nuevo durante la menopausia. Los médicos, las empresas farmacéuticas y los anunciantes de productos para el cuidado femenino suelen centrarse en el estrógeno porque su declive natural puede afectar a la apariencia física de la mujer, argumento siempre fácil en nuestra cultura.

Como el estrógeno se relaciona sobre todo con el control de la natalidad, es fácil dar por sentado que esta hormona se asocia únicamente con la reproducción. Sin embargo, los receptores de estrógeno se encuentran no sólo en la vagina y la vejiga, sino también en la piel, los huesos, el cerebro, los pechos, las arterias, el corazón y el hígado. Por eso algunas mujeres al llegar a la menopausia notan que su piel ya no está tersa, que se vuelve más fláccida a medida que disminuye su grado de humedad, que el estrógeno estimula.

Más grave aún es que el riesgo que tienen las mujeres de sufrir un infarto se iguala al que presentan los hombres una década antes. Tal vez la reducción del estrógeno contribuye a este hecho.

La razón es que los ovarios generan la mayor parte del estrógeno del cuerpo antes de la menopausia. En cambio, durante este período, que puede durar unos cinco años, su fabricación por parte de los ovarios disminuye sobremanera. Éstos siguen trabajando, pero otros órganos denominados glándulas endocrinas son los que ahora suministran la mayor parte del estrógeno.

Debe tener presente que la menopausia no es una enfermedad, sino un cambio natural que puede ser físicamente muy estimulante si usted introduce ciertos cambios en su alimentación y la complementa con suplementos. No representa el fin de la juventud ni de la sexualidad, aunque sí señala el final de los años fértiles. En realidad, algunas mujeres disfrutan de una vida sexual más sana al librarse del riesgo de embarazo. Muchos hombres observan encantados cómo su esposa se vuelve más activa sexualmente después de la menopausia, dado que la preocupación psicológica por el embarazo ha desaparecido y se puede gozar con la frecuencia deseada de una vida sexual adulta dentro de una relación fundada en un compromiso mutuo. El hecho de tener que recurrir a un lubricante (como, por ejemplo, el aceite de manteca de coco) debido a la sequedad vaginal derivada de la reducción del estrógeno constituye una preocupación menor. Además se sabe que para algunas mujeres este problema acaba gracias al aumento de la actividad sexual.

Pasemos ahora a considerar las diferentes hormonas que le interesan o puedan llegar a interesarle en el futuro. Comentaremos también la terapia de sustitución hormonal natural, tema a veces polémico.

LAS HORMONAS

La definición más sencilla de las hormonas es que son sustancias químicas producidas por las glándulas endocrinas. La glándula pituitaria, que está situada en la base del cerebro y tiene el tamaño de un guisante, fabrica nueve hormonas diferentes, además de actuar como coordinador de otras glándulas, ya que supervisa las concentraciones de hormonas en la sangre y realiza los ajustes necesarios.

También producen hormonas el hipotálamo, localizado justo debajo del cerebro, cerca de la glándula pituitaria; la glándula tiroides, que se halla en el cuello, delante de la nuez; las glándulas paratiroides, las suprarrenales, la glándula pineal, los testículos y ovarios, el timo y los islotes de Langerhans, que se encuentran en el páncreas. Juntos forman el complejo sistema químico que regula muchas funciones del cuerpo.

En un sistema sano, todas las partes funcionan bien juntas. Sin embargo, si hay un exceso de hormonas, la tasa de división celular puede alterarse de manera peligrosa y desembocar a menudo en un cáncer de mama, útero u otros órganos. Por esta razón la salud de la mujer puede verse amenazada si se interfiere en sus ciclos naturales. No obstante, existen pruebas de que la terapia de sustitución hormonal, administrada de forma apropiada, reporta beneficios.

Comentaremos en primer lugar algunas de las preocupaciones referentes a la fluctuación y regulación de las hormonas en el organismo femenino.

Riesgo de cáncer

¿Recuerda que he afirmado que se ha investigado muy poco sobre la especial bioquímica de la fisiología femenina? Sabemos bastante al respecto, pero aún es mucho lo que desconocemos.

Por ejemplo, el riesgo de contraer cáncer de mama guarda en parte relación con el momento en que se iniciaron la menstruación y la menopausia. Si usted tuvo la primera menstruación muy pronto y la menopausia muy tarde, el riesgo de que sufra cáncer de mama es mayor, debido a que durante todo ese tiempo ha recibido una dosis elevada de estrógeno.

¿Qué conclusión debe extraer de este dato? Posiblemente ninguna. Durante muchos años en Estados Unidos las mujeres comenzaban su menstruación alrededor de los once años y llegaban a la menopausia hacia los cincuenta. Las tasas de cáncer de mama eran relativamente predecibles, y cuando eran más altas que la media, la razón se buscaba en una predisposición genética de las mujeres de esa familia en concreto.

Hoy todo esto está cambiando. Por motivos relacionados con los estrógenos que se liberan al medio ambiente (otro de los problemas de nuestra sociedad moderna), las muchachas inician su ciclo de menstruación a la temprana edad de ocho años. El número de casos aún no es elevado, pero no hay duda de que las chicas empiezan a menstruar mucho antes que en el pasado.

Hasta ahora la menopausia se mantiene estable: suele sobrevenir a los cincuenta años. Sin embargo, si esto cambiara y las mujeres siguieran produciendo estrógenos hasta una edad más avanzada, aumentaría el riesgo de cáncer de mama.

También se ha descubierto que el embarazo es un factor que influye en el cáncer de mama. La sociedad no tolera los embarazos en adolescentes. Sin embargo, una chica que queda embarazada antes de cumplir los dieciocho años estará muy protegida frente al cáncer de mama, sin importar cuándo tuviera su primera menstruación. Una mujer que dé a luz a su primer hijo después de los treinta y cinco tiene tres veces más probabilidades de desarrollar la enfermedad que una de veinticinco. Además, las que han quedado encinta más veces gozan de mayor protección frente al cáncer de mama. En igualdad de condiciones, las mujeres que presentan mayor riesgo son aquellas que nunca han estado embarazadas.

Por supuesto esto no significa que todas las mujeres deban quedarse preñadas durante la adolescencia y tener un montón de hijos para evitar el cáncer de mama. Quizá sea una situación ideal para sus hormonas, pero no realista. Lo más probable es que usted se haya fijado unas metas y unas obligaciones, formativas o laborales, que no le permiten quedar encinta hasta llegar a la treintena. Quizá cree que debe limitar el número de hijos o abstenerse de tenerlos para no agravar la falta de recursos del planeta. Y lo más seguro es que usted tuviera su primera menstruación a edad más temprana que su madre y su abuela.

Otros muchos cambios afectan a las hormonas durante el embarazo, pero quedan fuera del alcance de este capítulo. Pasaré ahora a comentar algunas situaciones con que se topan la mayoría de las mujeres, y otras relativas a la reducción hormonal durante la menopausia.

ANTICONCEPTIVOS ORALES

Según su edad, la que tenía en su primera relación sexual y cuando empezó a menstruar, y las sugerencias de su médico, los anticonceptivos orales han formado parte de su vida durante muchos años o bien son un asunto que se plantea en estos momentos. La siguiente información se refiere al contenido hormonal de dichos métodos de control de la natalidad. Si usted toma la píldora o se plantea tomarla, debe conocer los riesgos que entraña.

En primer lugar, nadie puede afirmar con certeza que los anticonceptivos orales causen problemas, pero gran parte de los datos de que disponemos apunta a que existe un riesgo ligeramente elevado de que las mujeres que los utilizan padezcan cáncer de mama, riesgo aún mayor para jóvenes de entre diecisiete y veinte años que toman anticonceptivos con alto contenido en progesterona. Al cabo de cinco años las mujeres presentan cuatro veces más probabilidades de desarrollar un cáncer de mama que las que comenzaron a tomar la píldora cuando contaban más de veinticinco años. Pero para todas las mujeres en general existe el riesgo de padecer diversas clases de cáncer si su método anticonceptivo implica inyecciones de medroxiprogesterona.

Sin embargo, las lesiones de que se ha informado varían según los estudios, y sólo unos pocos concluyen que las mujeres que toman la píldora presentan un riesgo menor de padecer cáncer de endometrio y ovarios. Tal vez tienen mayores probabilidades de sufrir un infarto y enfermedades cardiovasculares, pero los datos al respecto son aún escasos.

Hay que tener en cuenta que nuestros conocimientos sobre los problemas que presenta el uso prolongado de los anticonceptivos orales son relativamente nuevos. Además nos enfrentamos con los problemas derivados del aumento de la esperanza de vida de las mujeres. En 1900 su expectativa de vida media era de sesenta años. Se consideraba que las que tenían más de cincuenta años eran viejas, y la mayoría moría recién pasada la menopausia.

Cien años después, las mujeres suelen vivir más de ochenta años. Ciertos trastornos físicos de lento desarrollo que no habían quedado de manifiesto en el año 1900 suscitan gran preocupación en el 2000. Se nos presenta un horizonte más amplio y hemos de considerar los efectos que a largo plazo tienen nuestras decisiones. Además, con las terapias hormonales para mujeres menopáusicas tratamos de evitar enfermedades que tal vez reduzcan su calidad de vida.

TERAPIA DE SUSTITUCIÓN HORMONAL

La eficacia y la necesidad de recurrir a la terapia de sustitución de estrógenos y otras hormonas son temas polémicos entre los profesionales de la medicina. Algunos opinan que, al utilizar este tratamiento, se aborda la menopausia como si fuese una enfermedad. Lo natural se declara no natural. Los cambios fisiológicos normales se interpretan como síntomas de enfermedad.

Lo cierto es que muchas mujeres no experimentan problemas durante la menopausia. Se sienten cómodas y felices. Incluso es posible que la consideren una liberación desde el punto de vista psicológico, lo que se refleja en su actitud hacia su esposo y en su trabajo.

Las mujeres que tienen problemas se encuadran en una de las dos siguientes categorías. En la primera se incluyen las que han sido educadas en la creencia de que la menopausia requiere atención médica regular, como en el caso del embarazo. Así pues, establecen visitas regulares con su doctor, con independencia de la sintomatología que presenten, y comienzan a tomar uno o más medicamentos. En la segunda figuran las que están menos preocupadas por las sensaciones o consecuencias físicas de la menopausia, pero se sienten alarmadas por la depresión que atraviesan al principio. Creen que lo mejor de su vida ya ha pasado. A menudo han de aguantar chistes sobre el envejecimiento, la pérdida de su atractivo sexual y su penosa calidad de vida, aparte de los comentarios típicos: «A punto de cumplir cincuenta años, ¿no? Supongo que su marido pronto empezará a engañarla con chicas de veinticinco.» Por desgracia nuestra sociedad ha infligido un lavado de cerebro a muchas mujeres para hacerles creer que no hay más que un pequeño paso entre la menopausia y la senilidad, los andadores, los asilos y todos los problemas de la edad avanzada.

No obstante, el envejecimiento de las personas nacidas durante el *baby boom* ha facilitado la destrucción de dichos estereotipos. Hoy día se pide la colaboración de mujeres de más de cincuenta años debido a su sabiduría, a su destreza en la vida y a que están libres de las responsabilidades de criar a sus hijos. Muchas se casan por segunda vez y se sienten atractivas, y otras descubren que siguen resultando físicamente seductoras a hombres mayores que ellas, más jóvenes o de su misma edad.

Sin embargo, antes de que se produjera este cambio, la cultura popular estaba repleta de mitos en torno a los hombres y la inocencia de la juventud. Los anuncios advertían a las mujeres que se enfrentaban a la menopausia de que debían usar más pasta dentífrica, sostenes especiales, cremas faciales y otras pociones y remedios mágicos. Recibían el mensaje sutil e insidioso de que debían hacer todo lo necesario para disimular su edad. Estas experiencias destructivas provocaron depresiones en muchas mujeres, y los médicos las asociaban a la menopausia. Como su estado requería medicación, su tristeza se vio reforzada. Fueron estos malestares los que dieron paso a la terapia de sustitución hormonal.

Con esto no pretendo afirmar que ninguna mujer necesita reequilibrar su sistema hormonal. Muchas han sufrido problemas glandulares durante la mayor parte de su vida. Otras buscan un tratamiento hormonal de corta o larga duración para hacer más llevadera una menopausia inusitadamente difícil. Algunas ven sólo las ventajas de la terapia de sustitución de estrógenos, pero no tienen en cuenta sus posibles efectos secundarios perjudiciales.

Por este motivo conocer bien cómo funciona la terapia hormonal natural puede salvarle la vida. Lo que usted sepa cuando acuda al médico servirá para enfocar mejor su caso, sugerir alternativas y alertarla por si hiciera falta buscar una segunda opinión.

ESTRÓGENOS

Quizá el motivo que más se esgrime en la publicidad de la terapia de estrógenos es la necesidad de reducir el riesgo de osteoporosis y enfermedades cardiovasculares. Sin embargo, no se explica qué son los estrógenos, su relación con la progesterona y cómo su interacción afecta a diversos aspectos de la salud.

Para empezar, permítame destruir uno de los mayores mitos sobre los suplementos de estrógeno, es decir, la idea de que consiguen curar la osteoporosis. Cuando las hormonas inician el declive, los huesos pueden volverse más finos y quebradizos, con lo que en gran medida aumenta la posibilidad de que se produzcan lesiones de cadera y columna vertebral. El consumo de estrógenos ralentiza o detiene el deterioro de la masa ósea, pero en ningún caso reconstruye los huesos.

También se puede evitar o hacer más lento el proceso de osteoporosis practicando ejercicio físico de manera regular, sobre todo con pesas, y consumiendo cantidades adecuadas de calcio. Añadir estrógenos incrementará los efectos de estas medidas, pero su acción será mucho menor si no se modifica la alimentación y la actividad física (lo mejor sería hacerlo antes de la menopausia y continuar durante el resto de la vida).

Advertencia. Otras hormonas ayudan a la regeneración ósea después de la menopausia, como la progesterona, la testosterona y la DHEA, que comentaré más adelante.

Otro mito en vigor es que todos los problemas de la menopausia se derivan de la pérdida hormonal. A menudo confundimos cambios físicos con trastornos hormonales, como es el caso de la irritación y sequedad de la vagina (vaginitis atrófica), una dolencia que puede paliarse con suplementos de estrógenos pero que no está necesariamente causada por la pérdida de éstos. Lo importante es evitar las sustancias que secan las membranas de las mucosas, como la cafeína y el alcohol. Asimismo conviene reducir el uso de antihistamínicos y diuréticos.

Incluir derivados de la soja en la dieta es beneficioso no sólo en casos de vaginitis atrófica, sino también de episodios de sofocos, además de prevenir el cáncer de mama. Por esta razón, a la hora de hacer frente a los cambios de la química corporal, son más importantes las modificaciones del estilo de vida que el tratamiento de sustitución hormonal. Comentaré más adelante en este mismo capítulo estos cambios y suplementos, pero ahora echemos un vistazo a la formación del estrógeno y a la misión que desempeña en el cuerpo de la mujer.

La palabra «estrógeno» se refiere en realidad a un grupo de hormonas relacionadas, cuyos componentes primordiales son el estriol, la estrona y el estradiol. Las cantidades de cada componente varían según las fases del ciclo menstrual. El estrógeno se compone de entre un 60 y un 80 por ciento de estriol, y entre un 10 y un 20 por ciento de estradiol y estrona.

La progesterona es la hormona que trabaja en equilibrio con el estrógeno, pues contrarresta gran parte de su efecto secundario más temido, es decir, la posibilidad de aumentar el riesgo de cáncer. Ahora se sabe que el mayor peligro de la terapia de suplemento de estrógeno estriba en que no se equilibra con una cantidad adecuada de progesterona. Al tomar el uno sin la otra, el riesgo de desarrollar un cáncer se incrementa, del mismo modo que una adolescente que tome píldoras anticonceptivas ricas en progesterona tiene más probabilidades de padecer cáncer en el futuro.

El Premarín, una forma de estrógeno que se receta a las mujeres, se compone más de estrona que de estriol, y contiene menos cantidad de estradiol (y a veces pequeñas cantidades de otras hormonas) que la que hay en el estrógeno humano. También tiene un poco de equilina, una hormona que se extrae de la orina de yeguas preñadas.

Sí, de las yeguas. Lo cierto es que el significado de «hormonas naturales» varía según el fabricante del producto. Yo interpreto las hormonas naturales como sustitutas de las hormonas propias de la mujer. Sin embargo, las compañías farmacéuticas alegan que una yegua es algo «natural». Así pues, las etiquetas de sus productos no faltan a la verdad. A usted le corresponde considerar si se siente cómoda tomando estrógeno «natural» cuando el producto no está hecho a partir de y para los humanos.

Advertencia. Si le preocupan la ética médica y los derechos de los animales, tal vez le interese saber que el método para obtener el estrógeno equino que se usa en la fabricación de estos productos resulta desagradable para las yeguas. Se las coloca en establos especiales con poco espacio para moverse durante el tiempo en que su orina es rica en estrógeno. A veces no pueden ni tumbarse y se les da menos agua de la necesaria para que la orina sea más densa y rica. Si nunca había reflexionado usted sobre el origen del estrógeno que toma, esta información acerca de las yeguas tal vez le anime a evitar los productos extraídos de los animales. Por supuesto, se trata de una elección personal, pero sólo podrá decidir si tiene en cuenta todos los hechos.

El estriol queda fuera de los métodos populares de sustitución hormonal. Los humanos cometen numerosos errores médicos graves porque los investigadores a veces olvidan que existe una lógica para todo lo creado. Si Dios nos lo dio es porque había una razón, y no conocer dicha razón no le resta importancia.

Durante muchos años los investigadores consideraban que el estriol no era particularmente importante, de modo que idearon la terapia de sustitución de estrógenos sin contar con él. E incurrieron en la negligencia de no tener en cuenta el efecto a largo plazo de dicho cambio.

¿Recuerda que antes mencioné que la progesterona puede contrarrestar el efecto cancerígeno del estrógeno? Ahora sabemos que el estriol desempeña una misión primordial. Si usted inicia una terapia de sustitución hormonal natural que no contenga estriol, tal vez el riesgo de que padezca cáncer aumentará. La naturaleza equilibró las hormonas humanas para mantenernos a salvo. En cuanto nos alejamos de la duplicación exacta de una hormona humana, quizá añadimos factores de riesgo inadmisibles.

En los últimos años se ha extendido el empleo de apósitos de estrógeno que se llevan sobre la piel. De momento parecen más seguros que los suplementos de estrógeno por vía oral, y suelen contener una combinación de estriol, estrona y estradiol en lugar de la sustituta equilina.

LOS ANDRÓGENOS

La mayoría de la gente cree que hay unas hormonas masculinas y otras femeninas. Según este razonamiento, el estrógeno correspondería a las mujeres, y los andrógenos, como la testosterona, a los hombres. En realidad el estrógeno y los andrógenos se encuentran tanto en unos como en otras. Las glándulas suprarrenales producen ambas hormonas, y los ovarios de una mujer no sólo fabrican estrógeno, sino también testosterona. La diferencia, claro está, reside en que la cantidad de cada hormona es distinta en cada sexo.

Los andrógenos guardan relación con la terapia de sustitución hormonal debido a su importancia en las actividades diarias de la mujer. La testosterona alivia muchos síntomas de la menopausia, como la sequedad vaginal y los sofocos, para los cuales normalmente pensamos en usar estrógenos. Al contrarrestar la sequedad vaginal se mejora el placer sexual de la mujer.

Antes me referí a la hormona DHEA sin explicar su función. La DHEA, o deshidroepiandrosterona, es un precursor de los andrógenos. Alcanza su punto álgido hacia el final de la adolescencia o la primera etapa de la edad adulta, entre los veinticinco y los treinta años. A partir de entonces disminuye tan rápido que algunas mujeres de cincuenta años sólo tienen una cantidad muy reducida.

La DHEA desempeña dos funciones, por lo que ahora se incluye como parte de la terapia de sustitución hormonal. Una parte de esta hormona se metaboliza en estrógeno y testosterona. El resto actúa como un antioxidante, es decir, ayuda a evitar el cáncer y las enfermedades cardíacas, y se cree que influye en la prevención de la construcción de grasas porque ayuda a la creación de masa muscular. También estimula el crecimiento de los huesos y es un factor de lucha contra la osteoporosis. A la edad de ochenta años la cantidad de DHEA de su cuerpo es el 10 por ciento de la que tenía a los veinticinco, lo cual indica que muchos de los problemas de fragilidad de huesos asociada con el envejecimiento están directamente relacionados con la falta de DHEA.

La mayoría de los estudios que he leído acerca de la DHEA conciernen a los hombres. Entre otros efectos, la DHEA reduce de manera significativa el riesgo de sufrir un infarto, la grasa corporal sin que ello implique una disminución del peso (lo cual quizá no es algo ideal para aquellos que miden su salud en función de su peso, pero sí es un dato importante para la salud) y la incidencia de la enfermedad de Alzheimer, esclerosis múltiple y trastornos relacionados con el estrés. Asimismo parece que fortalece el sistema inmunológico, mejora la memoria y posibilita la longevidad.

Esta hormona puede obtenerse con o sin receta médica. El Disgenín es DHEA de potencia menor, fabricado a partir de ñames (batatas) silvestres. Hay otros extractos obtenidos de ñames silvestres que el organismo convierte en DHEA.

Quizá piense que, cuanta más cantidad de DHEA tome, mejor será el efecto, pero los descubrimientos recientes indican que conviene actuar con precaución. Algunos médicos sospechan que dosis elevadas de DHEA comportan un grave efecto secundario: reducen la capacidad del cuerpo para sintetizar la hormona. Dicho de otro modo, al parecer el cuerpo interrumpe sus funciones si recibe excesiva cantidad, por lo que las dosis elevadas limitan los efectos al detener la producción natural del organismo. Además, algunos estudios llevados a cabo con animales han demostrado que un consumo excesivo de DHEA puede dañar el hígado.

La terapia de sustitución de DHEA debería aplicarse para tratar los síntomas premenopáusicos (entre los treinta y los cuarenta años), y siempre con cuidado. Asimismo ha de usarse sólo en combinación con antioxidantes como las vitaminas C y E y el selenio para evitar el riesgo de provocar lesiones en el hígado.

¿QUÉ LE CONVIENE?

La decisión de iniciar una terapia de sustitución hormonal no es sencilla. En primer lugar debe tener en cuenta su propio cuerpo. En función de los cambios que nota en él, los antecedentes familiares y otros factores, ¿cuáles son sus preocupaciones? ¿Qué problemas debería considerar normales y transitorios, aunque un tanto incómodos? Recuerde que en las dos últimas décadas muchas mujeres de mediana edad han desarrollado una dependencia a los medicamentos por culpa de los médicos que las trataron de adolescentes, médicos poco cuidadosos, apremiados por el tiempo o ingenuos. En esa época, ante las quejas de sus pacientes éstos, en lugar de comentar los cambios premenstruales, les recomendaban tranquilizantes y calmantes leves. Al descubrirse que la mayoría de las adolescentes no necesitaban tomar nada se produjo un gran escándalo, que al final llegó al Congreso norteamericano y sobre el que se debatió en numerosos libros. Los cambios que experimentaban eran normales; lo único que ocurría era que no entendían qué le pasaba a su cuerpo. Interpretaban el malestar como un síntoma de algo grave. Creían que tenían que tomar fármacos y enseguida desarrollaron una dependencia psicológica. Sin embargo, con sólo cinco o diez minutos de conversación sincera entre paciente y médico, las jóvenes habrían logrado aceptar los cambios normales que tienen lugar durante los años de fertilidad. No debe usted permitir que la menopausia o la posmenopausia sean un período en el cual el tiempo que su médico tiene asignado a la atención de cada paciente le impida obtener la información necesaria para evitar los problemas que se produjeron entonces entre las adolescentes.

Debe analizar todas las opciones con un médico de su confianza teniendo presente que las hormonas sintéticas no suelen ser eficaces y que las «naturales» deben estudiarse a fondo para determinar qué contienen en realidad y así evitar tomar equilina por estriol. Recuerde que la menstruación, la menopausia y todas las experiencias propias de la mujer son algo natural. Así nos hizo Dios. Por esa razón tiene usted más capacidad de aguante físico y goza de la posibilidad de vivir más años que los hombres, en general. Esto explica por qué algunas culturas veneran a las mujeres mientras que otras las temen y tratan de hacer que se sientan inferiores.

Si decide seguir una terapia de sustitución hormonal, infórmese de todos los posibles riesgos. Cada medicamento contiene un prospecto que debería leer. Si no es así, pregunte a su farmacéutico. Además, insista en que tanto éste como su médico analicen los posibles problemas con usted.

Supongamos, por ejemplo, que le recetan Estratab o Premarín, dos de las marcas más comunes de estrógeno natural elaborado con estrógeno equino. La información de que dispone su médico indica que ambos medicamentos ayudan a las mujeres menopáusicas, pero también que son tan potentes que pueden provocar cambios metabólicos en el hígado y que no debería administrarse a pacientes fumadoras, obesas, hipertensas, que tengan venas varicosas y colesterol alto.

En cambio la mayoría de los estrógenos naturales (es decir, no derivados de los caballos) son seguros y se metabolizan con facilidad. Entre ellos figuran el estropipato y el estradiol. Sin embargo, aun en circunstancias óptimas el estrógeno solo no es una buena solución. Si lo toma, hágalo en las dosis orales más pequeñas posibles y cada dos días.

Existen dos formas de administración del estrógeno: vía oral y como apósito. El apósito que se usa con mayor frecuencia se llama Estraderm, de la firma Ciba-Geigy. Se aplica a la piel del abdomen o del muslo. A algunas mujeres les produce irritación, pero debe dejarse en una zona tres o cuatro días, y después cambiarlo a una área cercana. También suele molestarles a la hora de ducharse o nadar porque tiende a despegarse. Sin embargo, cuando se mantiene en su sitio, surte buenos efectos y facilita la asimilación de los estrógenos. En cambio el estrógeno administrado por vía oral debe pasar por el hígado, lo que puede impedir la asimilación a fondo. Ambas formas de presentación tienen, por supuesto, ventajas e inconvenientes, pero en todo caso la mejor es la que permita una asimilación completa.

La progesterona es quizá más importante que el estrógeno. Además está disponible en forma de crema elaborada con ñames silvestres, que es fácil de encontrar en las tiendas de alimentación sana, y no sólo alivia los síntomas de la menopausia, sino que también ayuda a estimular la regulación natural del cuerpo y la producción de otras hormonas, incluido el estrógeno. Si decide emplearla, no olvide comentárselo a su médico (aunque se trata de una forma de automedicación que, por lo que sé, carece de efectos secundarios perjudiciales).

Para muchas mujeres los cambios en la alimentación y el estilo de vida suavizarán la transición hacia la menopausia de manera natural. En primer lugar, conviene saber que se pueden evitar algunos problemas de la menopausia realizando la actividad que precisamente algunos hombres y mujeres creen que deben reducir. Si tiene usted una relación estable con otra persona, trate de encontrar tiempo para dedicarlo a la intimidad física frecuente. No es cuestión de cargar de presión su relación, como a veces ocurre en las parejas jóvenes que intentan tener un bebé. Más bien aproveche para relajarse a la vez que disfruta de nuevas sensaciones físicas, prolongar el juego amoroso previo, gozar con el tacto del otro y dejar que el acto sexual sirva para aliviar un problema leve asociado a la menopausia.

Eleve la concentración de sus calmantes naturales, las endorfinas, mediante el ejercicio habitual durante al menos treinta minutos al día. Así pues, procure dar un paseo rápido a la hora de la comida o antes o después de trabajar o bien pruebe a apuntarse a un gimnasio. Lo importante es que haga ejercicio a diario y durante un período de tiempo que le garantice que las endorfinas estarán trabajando para usted. Se ha descubierto que unas tres horas y media a la semana en ocasiones bastan para eliminar los sofocos sin necesidad de recurrir a un tratamiento médico. En cierto estudio, unas mujeres que se planteaban iniciar una terapia de suplementos de estrógeno debido a la gravedad de sus sofocos lograron erradicarlos mediante la actividad física. Asimismo el deporte es crucial para fortalecer la masa ósea y evitar o disminuir la osteoporosis.

Los fitoestrógenos son sustancias ricas en estrógenos que no provocan algunos de los problemas relacionados con la sustitución hormonal (el prefijo «fito» indica que la sustancia proviene de plantas). Unos de los alimentos más ricos en fitoestrógenos son los derivados de la soja, como se descubrió al llevarse a cabo unos estudios sobre las culturas asiáticas, donde las mujeres, que consumen como mínimo dos tercios de una taza de productos de soja cada día, experimentan los beneficios que proporciona el estrógeno. Algunos de los alimentos de soja que se venden en Estados Unidos son el miso, el *tempeh* y el tofú. Muchos grandes supermercados y la mayoría de las tiendas de alimentación sana venden perritos calientes elaborados con soja, salchichas, queso, postres y leche de soja.

Cada cierto tiempo salen al mercado nuevos productos a base de soja ideados para los vegetarianos; un ejemplo de ello es la versión en soja de las croquetas de pollo.

Otros alimentos que contienen fitoestrógeno son el apio, las nueces, las semillas, el perejil y el hinojo. Este último es extremadamente rico en compuestos que actúan como el estrógeno.

La irritación y la sequedad vaginal se reducen evitando el consumo de alcohol, antihistamínicos, cafeína y diuréticos. La eliminación de dichos productos de la dieta y la ingestión de alimentos con fitoestrógenos, así como la práctica de ejercicio, pueden garantizar un tránsito fácil a través de la menopausia.

Los indios americanos descubrieron que el *black cohosh (Cimicifuga racemosa)* era excelente para curar los calambres menstruales y eliminar los sofocos, la depresión y la atrofia vaginal que acontecen durante la menopausia. Transmitieron sus conocimientos sobre la hierba a las mujeres de los colonos, que confiaron en su acción. Más tarde se realizaron estudios científicos sobre el *black cohosh* que confirmaron lo que los indios ya sabían. Este vegetal reduce las concentraciones de la denominada hormona luteinizante y le otorga un fuerte efecto de estrógeno. Por último estos conocimientos se internacionalizaron: en Alemania, a las mujeres que buscan alternativas naturales a la terapia del estrógeno se les receta Remifemín, la marca registrada de una fórmula a base de *black cohosh*, que también está disponible en Estados Unidos, donde además puede obtenerse en forma de raíz molida o como infusión. Generalmente hay que tomarlo dos o tres veces al día para que sea eficaz.

Los espárragos contienen glucósidos esteroidales, que ayudan a estimular la producción de hormonas y, según se ha descubierto, contrarrestan la anemia causada por la deficiencia de ácido fólico.

CONCLUSIÓN

El mantenimiento hormonal es fundamental para asegurar una vida larga y sana. A pesar de que la terapia de sustitución hormonal puede resultar muy beneficiosa, la solución perfecta quizá se halle en una alimentación, una actividad física y unos suplementos apropiados. Sólo usted puede decidir qué le conviene en función de la información que le proporciona este libro y de las conversaciones con un médico de su confianza.

Lo esencial es que ninguno de los tránsitos naturales de la existencia humana se considere una enfermedad, una anormalidad o un problema médico. Los cambios hormonales son parte de la vida, no trastornos a los que se deba maldecir, temer o vencer con fármacos. Todas las etapas de la vida son buenas. Disfrútelas.

8

LAS VITAMINAS
C y E

Si alguna contrariedad han sufrido en los últimos cincuenta años los fabricantes de fármacos, es la de no haber inventado las vitaminas C y E. A medida que descubrimos cómo benefician al cuerpo estos potentes antioxidantes, tanto en combinación como por separado, apreciamos cada vez más su valor. Si usted fuma, quizá consiga retrasar el perjuicio que inflige a su cuerpo tomando vitaminas C y E, y así ganar más días de vida futura durante los cuales recuperar el sentido común y dejar de fumar. Cuando lo haga, continúe tomando vitaminas, porque ayudarán a sus pulmones a recuperar un nivel de salud que no habían experimentado en años.

En los alcohólicos en fase de recuperación, que necesitan las vitaminas del complejo B para desintoxicarse de manera eficaz, las vitaminas C y E también son esenciales para reconstruir las paredes celulares del hígado y de los vasos sanguíneos. En realidad la deficiencia de vitamina C es la causa primordial de la muerte de algunos de los alcohólicos más famosos del mundo del espectáculo, como Peter Lawford, cuñado del presidente Kennedy y miembro del grupo Rat Pack, que encabezaba Frank Sinatra. Su cuerpo, en tiempos atlético, estaba muy deteriorado como consecuencia de los años de excesos, y padecía ictericia a causa de sus trastornos hepáticos, pero fue probablemente la falta de vitamina C lo que provocó que las paredes de sus vasos sanguíneos no lograran retener la sangre, lo que le ocasionó la muerte.

La vitamina C previene el escorbuto y según indican estudios recientes, junto con el zinc y grandes cantidades de agua, acorta el resfriado común hasta sólo dos días. Las vitaminas C y E, cuando trabajan juntas, influyen en el apetito sexual, la visión y otras muchas funciones. Imagine que los fabricantes de fármacos pudieran controlarlas...

A decir verdad, una vez se intentó que la Food and Drug Administration de Estados Unidos declarase la vitamina E como fármaco. Ocurrió en los últimos años de la década de los setenta, y el objetivo de los fabricantes era demostrar que la vitamina E suponía un peligro potencial y, por tanto, había que retirarla de las tiendas de dietética. ¿Cómo podían demostrarlo? Dado que la vitamina E es soluble en grasas, las compañías farmacéuticas apuntaron la posibilidad de que un consumidor inexperto tomara una sobredosis. Sin embargo, se abstuvieron de mencionar que no había habido ningún caso de sobredosis. Su auténtica preocupación era que, como la vitamina E mejoraba el estado cardiovascular de hombres y mujeres, reducía el riesgo de cataratas y reportaba muchos otros beneficios, corrían el peligro de que sus productos se prescribiesen con menor frecuencia. ¡Había demasiadas personas con buena salud!

La idea era tan ridícula como el intento de las industrias tabacaleras de convencer al público estadounidense de que los cigarrillos no provocan adicción, no causan cáncer y que todos los perjuicios que se les achacan no están demostrados. Y esto después de casi un siglo de pruebas en contra.

La acción de la vitamina C se descubrió antes que la de la vitamina E, ya que conocíamos los trastornos que su carencia provocaba en los marineros que realizaban largas travesías.

En 1747 los miembros de la marina británica sufrían de escorbuto. Se encontraban débiles, anémicos, sangraban por las membranas de las mucosas y eran incapaces de llevar a cabo sus tareas. Se encomendó a un médico escocés llamado James Lind la labor de solucionar el problema, y dedujo que se debía a la falta de frutos cítricos.

La teoría del doctor Lind era acertada y las tripulaciones que siguieron sus consejos se recuperaron. Sin embargo el almirantazgo británico no aceptó su recomendación hasta 1800. En esa época el ácido cítrico en forma de zumo de lima y de limón, que era fácil de almacenar durante las largas travesías, se convirtió en parte de la alimentación diaria de los marineros. Hacia 1806 sólo se produjeron dos casos de escorbuto en la Marina Real Británica. Un cuarto de siglo atrás, antes del descubrimiento del doctor, se habían producido 1.457 casos.

Los exploradores del noroeste del Pacífico quedaron tan horrorizados al ver que los nativos compartían delgadas lonchas de testículos de alce que se negaron a participar de tal costumbre. Ignoraban que este pueblo trataba de salvarles la vida, ya que en aquellas tierras heladas no existía otra fuente de vitamina C. Desconocemos cómo descubrieron los nativos que su salud dependía de esta porción de alce tan rica en vitamina C, pero el caso es que lo hicieron. A pesar de su deseo de compartirla con los forasteros, muchos de los primeros colonos cayeron enfermos y fallecieron porque encontraban demasiado desagradable tomar aquella fuente de vitamina C. Sólo al cabo de los años, cuando se logró aislar dicha vitamina, comprendieron que aquel gesto ritual tenía el inestimable valor de salvarles la vida.

Aislar el factor químico no fue tan sencillo como comprender la misión de los cítricos y otras fuentes de vitamina C, incluido el alce. El descubrimiento se debió a Albert Szent-György, que aisló el ácido ascórbico en 1928, lo que le valió el Premio Nobel de Medicina en 1937.

En los años sesenta el doctor Jonas Salk, famoso por haber descubierto la vacuna contra la polio, empezó a investigar la capacidad de la vitamina C para combatir el resfriado común. Hoy día sabemos que es además un poderoso antioxidante y que ayuda a protegernos de la contaminación del medio ambiente.

La propiedad antioxidante de la vitamina C es vital para nosotros. Por lo general las sustancias contaminantes del aire y el agua producen los radicales libres de los que ya hemos hablado. La vitamina C no sólo neutraliza muchos de los radicales libres a los que estamos expuestos inevitablemente, sino que contribuye también a reparar el daño que nos causamos con los radicales libres cuando fumamos.

Por muy letal y peligroso que sea el tabaco, la vitamina C puede ayudar a los fumadores empeñados en seguir con este nocivo hábito. Al aumentar el consumo de vitamina C, reducen el daño que infligen a su sistema inmunológico. Los fumadores que no usan suplementos sufren acentuados descensos de los valores de vitamina C serosa, además de una reducción de las reservas de antioxidantes y una susceptibilidad mayor a contraer enfermedades cardiovasculares, cáncer y otras. Esto no justifica que se continúe fumando mientras se toma vitamina C; en cualquiera de los dos casos el resultado es mortal. Lo que hace la vitamina C es ralentizar el desarrollo del problema. Sin embargo, conviene que los fumadores pasivos como, por ejemplo, los empleados de un restaurante incrementen su consumo de vitamina C.

Quizá la historia más extraña acerca de la necesidad de los suplementos de vitamina C fue la que ocurrió en el norte de California. Richard Chase, un asesino en serie que fue más tarde conocido como el Vampiro de Sacramento, echó la culpa de su furia asesina a que la vitamina C no había logrado curar su enfermedad. Estaba convencido de que su madre le había dado de comer detergente de lavadora y que a raíz de ello el corazón se le había convertido en piedra. (No entendía por qué el personal de la sala de urgencias del hospital creía que podía ayudarle enviándole al psiquiatra. ¡Si él no estaba loco! Estaban totalmente equivocados.) Para solucionar su problema recurrió a la vitamina C.

Chase, que sabía que la vitamina podía tomarse de diferentes maneras, consideró que la mejor era la que se encontraba en la fruta fresca. Así pues, cada mañana compraba naranjas, las envolvía en una bufanda y se las ponía encima de la cabeza. Estaba convencido de que así obtendría todos los beneficios de la vitamina. Nadie sabe si Chase siguió creyéndolo, porque murió accidentalmente al ingerir una sobredosis de la medicación antipsicótica que había guardado cuando le enviaron a prisión por sus asesinatos.

El premio Nobel Linus Pauling popularizó el consumo de la vitamina C al afirmar que creía que era una píldora milagrosa: conservaba la buena salud, evitaba o curaba el resfriado común y en general combatía cualquier dolencia. Solía llevar los bolsillos llenos de comprimidos de vitamina C y tomaba uno cada vez que le entrevistaban. Su inteligencia, su entusiasmo y su fervor evangélico estimularon la investigación acerca de todas las fases de la vitamina.

Tal vez Pauling no estuviera en lo cierto al considerar que la vitamina C era una panacea sin parangón, pero los experimentos que inspiró demostraron que esta simple vitamina es decisiva para la salud. Además consigue hacer más llevaderas experiencias estresantes como la quimioterapia que se aplica en casos de cáncer.

Si bien el cuerpo necesita la vitamina C, no puede producirla. Por fortuna existen diversos suplementos, unos mejores que otros. El chicle de vitamina C es la única forma de presentación que debe evitarse, porque, aunque es eficaz para el cuerpo, no es bueno para los dientes. La vitamina C sin más no es tan buena como la esterificada (éster-C), que une ácido ascórbico y minerales alimenticios como el potasio y el calcio y es absorbida con mayor facilidad por el organismo.

Linus Pauling recomendaba megadosis de entre doce y catorce gramos al día, pero con tal cantidad se corre el riesgo de que se formen piedras en el riñón y surjan otros trastornos. Sólo se aconsejan dosis tan elevadas para paliar el estrés provocado por la quimioterapia. Por suerte la mayoría de las personas nunca llegan a tomar una cantidad tan alta como para ocasionar complicaciones, ya que la vitamina C es soluble en agua. Lo peor que podría pasar es que enriqueciéramos nuestra orina. Personalmente tomo 2.000 miligramos de éster-C al día.

La vitamina E tiene una historia menos pintoresca, en parte porque ¡se encuentra en tantos alimentos que es difícil que alguien padezca una deficiencia! No fue una persona, sino unas ratas de laboratorio (fuente tradicional de información médica) las que propiciaron que los investigadores aislaran la vitamina E. En 1922 un estudio demostró que las ratas cuya alimentación carecía de vitamina E eran incapaces de reproducirse. Sólo cuando se añadió a su dieta aceite de germen de trigo, que es rico en vitamina E, consiguieron gestar.

Los trastornos de la actividad sexual pueden paliarse con vitamina E. En 1978 Bernard Green, que era doctor en Filosofía, terapeuta en Manhattan y más tarde escribió mucho acerca de las alternativas nutricionales a los estimulantes y antidepresivos, observó atentamente el progreso de un paciente que había sido sometido a una lobotomía prefrontal en un hospital mental. El hombre se había recuperado y reintegrado a la sociedad, pero ya no podía ser sexualmente activo. Tenía novia, pero no quería pedirle que se casara con él porque había perdido la capacidad de tener una erección.

El doctor Green había alterado el estilo de vida de aquel hombre al aconsejarle que tomase una alimentación más sana, diera largos paseos y usara ciertos suplementos nutricionales básicos. Al conocer su problema ordenó que duplicara la dosis de vitamina E que debía consumir hasta llegar a las 1.600 unidades al día. En una semana la función sexual de aquel hombre se restableció. Mantuvo la dosis alta durante un período razonable y después la rebajó hasta las 1.200 unidades al día. A partir de entonces nunca más volvió a tener problemas sexuales.

El hecho de que la vitamina E se encuentre en más alimentos que la C no significa que deba abandonar los suplementos, a pesar de que sería muy fácil extraer esta conclusión porque los efectos de un escaso consumo de vitamina E sólo se manifiestan al cabo de mucho tiempo. Lo que contribuye a crear más confusión es que cuando aparecen los primeros signos de esta carencia se tiende a considerar que son síntomas de alguna enfermedad misteriosa, no debidos a la falta de vitamina E. Por esta razón no existen historias dramáticas de navegantes, exploradores, locos o grandes descubrimientos fruto de investigaciones, como sí ocurre con la vitamina C.

Lo que no sabía Richard Chase era que, si tenía problemas con el corazón, debería haber tomado vitamina E para solucionarlos. Cuanto mayor sea la concentración de vitamina E en la sangre, menores son las posibilidades de fallecer a causa de una enfermedad cardíaca.

En realidad la vitamina E no es una sola vitamina, a diferencia de la C. Es una combinación de ocho sustancias químicas divididas en tocoferoles y tocotrienoles. De los dos grupos, el más importante es el tocoferol d-alfa, un extraño término si pensamos que en griego significa «gestar niños».

La vitamina E es soluble en grasas («liposoluble», en lenguaje técnico), es decir, se queda en las moléculas grasas y en las membranas de las células. Esta cualidad es altamente beneficiosa porque protege contra el exceso de radicales libres creados por el oxígeno.

Advertencia. Cuando compre vitamina E, busque la fuente natural tocoferol d-alfa. Puede encontrar una forma sintética que normalmente aparece como tocoferol dl-alfa, pero lo que las diferencia no es una simple letra. La vitamina E sintética sólo es como máximo la mitad de eficaz que la natural, debido en gran medida a que se compone de ocho sustancias químicas, conocidas como isómeros, cada una de las cuales es el equivalente molecular de la vitamina E natural.

La razón por la que en este capítulo relacionamos la vitamina E y la vitamina C es que en estudios recientes se ha descubierto que al combinarlas se consigue aumentar el efecto antioxidante de cada una de ellas. La siguiente información referida al uso de las vitaminas C y E puede presentarlas como si fuesen unos maravillosos medicamentos naturales. Sin embargo, más importante que el modo en que estos remedios naturales trabajan para usted es el hecho de que sabemos muy poco al respecto. Tan sólo hemos empezado a descubrir cómo influyen en la salud, hacen más lento el proceso de envejecimiento y nos protegen de muchos peligros del medio ambiente.

EFECTOS DE LA COMBINACIÓN DE LAS VITAMINAS C y E

Antes hemos hablado de la oxidación, el proceso por el que una sustancia que da vida —el oxígeno— se convierte en un agresor de las células. Uno de los objetivos de la oxidación son las mitocondrias, es decir, los generadores de energía de la célula.

Para comprender la función de las mitocondrias, piense en su cuerpo como si fuese una central de energía. El combustible básico de los humanos es la comida, que se usa del mismo modo que los generadores mecánicos procesan el carbón, la madera, los productos nucleares u otro combustible para producir energía. Después viene el proceso digestivo, por el cual la comida —el combustible— se convierte en componentes más pequeños. A continuación éstos se metabolizan, esto es, se rompen en elementos aún más pequeños. Lo que en el plato de su cena empezó siendo un filete o un pollo, una ensalada o un plato vegetariano, se transforma al final en material para que las células del cuerpo lo utilicen.

En este estadio final las pequeñas estructuras llamadas mitocondrias, localizadas en cada célula, producen el compuesto orgánico conocido como adenosín trifosfato (ATF), que forma parte de este proceso de creación de energía en todas las células vivas. Las mitocondrias son las estructuras que la fabrican; son las centrales de energía de la célula humana.

El problema es que, a medida que envejecemos, las mitocondrias se vuelven menos eficaces. El cerebro, el corazón y los riñones funcionan cada vez más despacio. Las células ya no son capaces de reparar sus propios daños como hacían antes. Enseguida notamos el resultado en nuestro aspecto físico. El sistema endocrino produce menos hormonas, la piel se vuelve seca, el metabolismo se ralentiza, engordamos, almacenamos grasas y perdemos tono muscular.

Es importante que comprenda que existen varios modos de contrarrestar estos efectos. Veinte o treinta minutos de ejercicio cardiovascular vigoroso poco después de haber comido acelerarán su metabolismo. Su tono muscular mejorará gracias al ejercicio con pesas. También se consiguen retrasar los cambios propios del envejecimiento modificando la alimentación para reducir el consumo de azúcar, grasas innecesarias y comida rápida poco nutritiva. Sin embargo, es imposible impedir estos cambios. Como mucho, se pueden controlar el ritmo y la gravedad, lo que en el pasado se ignoraba, por lo que se animaba a las personas mayores a llevar una vida sedentaria.

La ralentización de la función de las mitocondrias, parte significativa del proceso de envejecimiento, se ve afectada por una reducción de la capacidad del cuerpo para contrarrestar el daño producido por la oxidación. Ahí es donde las vitaminas C y E, a menudo acompañadas de betacaroteno y selenio, resultan indispensables. Sin ellas todos nos enfrentamos a un alto riesgo de padecer dolencias asociadas al envejecimiento, desde la enfermedad de Alzheimer hasta la diabetes del adulto, la obesidad y las enfermedades cardíacas.

Además de influir en trastornos como la diabetes y la enfermedad de Alzheimer, las vitaminas C y E nos permiten propasarnos un poco en las comidas. En 1997 la *Journal of the American Medical Association* publicó un artículo sobre la relación entre las vitaminas C y E y la capacidad de disfrutar de esas comidas de las que huiría una persona preocupada por su salud.

Todos sabemos que la alimentación rica en grasas no es buena y que cuando nos excedemos nos sentimos cansados. Seguramente en alguna ocasión ha caminado hasta un restaurante de comida rápida porque le apetece disfrutar del aire fresco, el sol y escapar de la oficina. Al llegar decide premiarse con una hamburguesa de queso y unas patatas fritas, platos sabrosos que usted por lo general, y acertadamente, no suele pedir. Enseguida se da cuenta de que tendrá que comer «bien» durante unos cuantos días para compensar este «pecado». Así pues, regresa a pie a su trabajo, tal vez a buen paso y quizá incluso rodee un par de manzanas más para «aligerar» todo lo comido. Ya en la oficina, es posible que se sienta fenomenal después de haber dado un paseo y comido platos prohibidos.

Sin embargo a los pocos minutos empieza a sentirse adormilada. Si le estuviera permitido echaría una siestecita, pero no es posible y no consigue disimular su cansancio. En las siguientes dos horas su rendimiento baja, y quizá haga pequeñas pausas para evitar quedarse dormida.

El problema desaparece al cabo de entre dos y cuatro horas, cuando vuelve a sentirse más productiva. Entonces quizá piense que necesita dormir más horas, o que el paseo la ha fatigado, pero con toda probabilidad no asociará la sensación de sueño con el pesado almuerzo que ha ingerido.

Sin embargo, lo cierto es que después de una comida rica en grasa el flujo sanguíneo se hace más lento durante las dos o cuatro horas siguientes, y el cuerpo también. Un modo natural de superar ese momento consiste en dormir un poco, y por eso se siente cansada.

Pues bien, el estudio de la *Journal of the American Medical Association* indicaba que las vitaminas E y C hacen que los vasos sanguíneos permanezcan abiertos y evitan la sensación de agotamiento. Es decir, la sangre fluye con normalidad y la falta de moderación en la comida no causa tantos problemas.

Ya hemos hablado de la placa, que está formada de grasas oxidadas, se adhiere a las paredes de los vasos sanguíneos y los hace más estrechos. Además, endurece las paredes de los vasos, con lo que disminuye más aún el flujo sanguíneo. Una vez que se ha formado la placa, se pueden desprender pedacitos que viajarán por el flujo sanguíneo y tal vez obstruyan los vasos más pequeños del cerebro, corazón, pulmones y otros órganos. La vitamina E y, en menor medida, la C eliminan este riesgo al «limpiar el fango» de la sangre, fortalecer las paredes arteriales y contribuir a evitar la peroxidación de lípidos. Además la vitamina E no sólo puede inhibir la oxidación del colesterol LDL en los vasos sanguíneos, sino que parece limitar y quizá detener la creación de lesiones de la placa.

Sobre todo se ha demostrado que la vitamina E, tomada en cantidades adecuadas, reduce el número de fallecimientos por enfermedades cardíacas. (Es decir, entre 800 y 1.200 unidades al día, o un poco más, que vienen a ser entre dos y tres cápsulas de 400 unidades, que es el formato más fácil de encontrar de tocoferol d-alfa.)

En el cuerpo humano existe un aminoácido denominado ácido lipoico alfa. Es una sustancia que mejora la eficacia de las vitaminas C y E, pues las potencia y conserva a la vez. Dada su característica única de ser soluble tanto en agua como en grasa, puede ir a cualquier parte del cuerpo. He descubierto que se puede mejorar en gran medida el efecto de las vitaminas C y E con sólo añadir un comprimido de suplemento de ácido lipoico alfa de al menos 50 miligramos, pero no más de 250 miligramos. En estas dosis no se conocen efectos secundarios, y personalmente prefiero la dosis mayor junto con 2.000 miligramos de C y 800 unidades de E al día.

CATARATAS

A medida que se haga mayor seguramente oirá hablar cada vez más de las cataratas. Cuando acuda al oftalmólogo o al optometrista, le revisarán los ojos para detectar alguna señal. Los amigos le comentarán su operación de cataratas o la de algún pariente. Es uno de los problemas relacionados con la edad más frecuentes. Un alto porcentaje de personas sufre esta enfermedad degenerativa, que puede detenerse en las fases más tempranas. De hecho, en Estados Unidos la intervención de extracción de cataratas es la operación de cirugía mayor que más a menudo se realiza cada año en personas que reciben asistencia médica pública.

¿Qué son las cataratas y cómo se forman? El cristalino del

ojo suele ser transparente. Podemos compararlo con el líquido rico en sulfuro de un huevo recién cascado, conocido como albúmina (o clara), que es, como ya sabrá, transparente hasta que se calienta.

Las proteínas del cristalino, al igual que la clara de huevo, contienen sulfuro. Cuando se dañan estas proteínas, a menudo debido a una excesiva exposición a los rayos ultravioletas del sol, se nublan. Es algo similar a lo que ocurre con la albúmina del huevo, que al recibir calor se vuelve blanca.

Muchas personas presentan cataratas leves que sus médicos vigilan con atención. No perjudican la capacidad para ver, es decir, no nos impiden leer ni conducir. Los doctores se limitan a observarlas para ver si empeoran.

Al final algunas cataratas crecen tanto que pueden nublar todo el cristalino. En este punto la visión queda disminuida o se pierde por completo. Para seguir con la analogía con el huevo, es como levantar un huevo frito para ponerlo contra la luz e intentar ver a través de la clara.

El tratamiento tradicional de las cataratas no implica ningún esfuerzo agresivo para detener la degeneración. Tal vez le aconsejen usar gafas de sol que impidan el paso de los rayos UVA y UVB; eso será todo. Los médicos saben que en ocasiones el velo que se forma en el ojo evoluciona tan despacio que una persona puede tener cataratas durante veinte años o más y no necesitar jamás cirugía. Sin embargo, si las cataratas afectan a la visión, lo habitual es operar.

Para evitar complicaciones lo más frecuente es intervenir sólo un ojo y luego el otro. Se retira el cristalino y se inserta un implante en su lugar. Pero ahí no acaba el problema. Es posible que al cabo de unos años sea preciso repetir la operación y, más preocupante aún, la cirugía puede convertirse en un factor desencadenante de un trastorno más grave: la degeneración de la mácula. Esto implica un daño oxidativo en el ADN, la degeneración de los capilares y la formación de tejido cicatrizal. Los remedios naturales no solucionan estas afecciones. Lo único que podemos hacer es evitar o retrasar la degeneración de la mácula mediante el uso de antioxidantes. El riesgo de que la cirugía de cataratas aumente las probabilidades de sufrir estos desarreglos demuestra hasta qué punto es crucial evitar en lo posible desarrollarlas.

Las cataratas no sólo están causadas por la luz del sol, sino también por los daños que producen algunos radicales libres. Como ya hemos comentado, con el envejecimiento la glándula pineal empieza a trabajar menos, con lo que se reduce la cantidad disponible de melatonina y aumentan las lesiones provocadas por los radicales libres. Si usted fuma, tiene diabetes o está expuesto a radiaciones (incluida la del sol), el problema se agrava.

Desde hace poco se sospecha que las cataratas y otros problemas degenerativos del ojo, junto con ciertos efectos secundarios de las terapias contra el cáncer, pueden curarse fumando marihuana. Por eso algunas personas que no forman parte de la cultura de las drogas han presionado a los legisladores para que se legalice el uso de la marihuana con fines médicos. Por lo visto desconocen que fumar es siempre perjudicial para la salud.

No está mal comentar las ventajas relativas del alcohol y la marihuana como drogas de diversión, pero su consumo nunca es sano. Cuando los científicos analizaron por qué la marihuana logró solucionar el problema de algunas personas, descubrieron que la mejoría que habían experimentado no se debía a esta droga, sino más bien a un aumento de la producción de melatonina. Más importante aún, observaron que esta acción benéfica de la marihuana no servía de mucho, porque los fumadores la consumían durante el día, cuando el efecto beneficioso de la melatonina tiene lugar por la noche, momento en que la glándula pineal funciona normalmente. Usted puede estimular de manera segura el nivel de melatonina mediante suplementos de vitaminas C y E, que reducirán su problema de cataratas.

El cristalino tiene una pared grasa externa que puede resultar dañada por la peroxidación lípida. En ella está involucrado el peróxido de hidrógeno, una sustancia química cuyo efecto puede minimizarse con el glutatión, un antioxidante. El glutatión comprende tres aminoácidos: la cisteína, el ácido glutámico y la glicina. Se conoce con el nombre técnico de tripéptido, y neutraliza el peróxido de hidrógeno de los lípidos. Aunque el cuerpo lo produce de manera natural, con la edad disminuye su cantidad, como ocurre con la melatonina. Cuando empiezan a formarse las cataratas siempre existe una notable reducción de los valores de glutatión en la sangre.

Sin glutatión, el peróxido de hidrógeno impide la reproducción del ADN de las células del cristalino. En un ojo sano, las células nuevas son siempre idénticas a las viejas. Sin embargo, cuando el peróxido de hidrógeno produce una lesión, las células nuevas son más grandes que las viejas, además de irregulares. Pierden su capacidad para reproducirse y, con el paso de los años, el cristalino se vuelve opaco y se deforma.

En el momento en que escribo este libro resulta imposible erradicar el daño producido por las cataratas. No obstante, contamos con un método de protección a largo plazo, y es aquí donde entra en acción la función preventiva de las vitaminas C y E.

En octubre de 1977 la *American Journal of Nutrition* informó del primer estudio completo sobre la relación entre la vitamina C y las cataratas. En él se comprobó que el consumo de vitamina C —recuerde que opino que debe usted tomarla junto con la E— reducía de manera drástica la incidencia de cataratas a edad temprana. Asimismo se constató que era un factor primordial para limitar la gravedad de los casos ya existentes. Más importante aún fue el descubrimiento de que tomar vitamina C durante breves períodos no era adecuado. El uso diario de los suplementos de vitamina C y E ha de ser de por vida.

En la actualidad se cree que la vitamina E ayuda a evitar las cataratas, del mismo modo que protege todos los tejidos grasos del cuerpo. Como es liposoluble, atraviesa la pared de la célula y del núcleo, así como el borde del cristalino. Y una vez oxidadada, libera vitamina C para que actúe como rejuvenecedor del cristalino.

¿Qué quiere decir todo esto? El ejemplar de mayo de 1998 de la revista *Ophthalmology* reveló que un suplemento que contenga múltiples vitaminas puede reducir la incidencia de cataratas hasta en un tercio. Sin medicamentos ni cirugía. Añada vitamina E, y la reducción llega hasta la mitad. Añada vitamina C, y verá cómo la E se vuelve más eficaz.

Advertencia. Existe un bioflavonoide que en mi opinión proporciona protección antioxidante frente a la formación de cataratas: el quercetín, que estimula la absorción de vitamina C. El quercetín, que se encuentra en las algas verdes, puede adquirirse como suplemento.

Recuerde que el desarrollo de las cataratas tarda años. Por eso habría que considerar durante mucho tiempo tomar un remedio natural, que además ayudará a otras muchas partes del organismo. Sencillamente asegúrese de enriquecer las vitaminas C y E con suplementos de ácido lipoico alfa y con bioflavonoides.

DIABETES

En el tratamiento de la diabetes las vitaminas C y E no son los nutrientes más cruciales, pues la deficiencia más frecuente que presenta esta enfermedad es la del cromo. Esta deficiencia es en realidad un problema latente para los muchos estadounidenses que sufren algún trastorno relacionado con el azúcar en la sangre, desde hipoglucemia (que afecta a dos de cada tres personas) hasta diabetes (se estima que la padecen quince millones de estadounidenses, de los cuales sólo un tercio lo sabe).

Quienes presentan acentuadas fluctuaciones de las concentraciones de azúcar en la sangre optan por un suplemento de picolinato de cromo. La dosificación adecuada depende de la persona, pero opino que lo mejor es tomar entre 200 y 400 microgramos al día. Sin embargo, mientras lo consume debe someterse a seguimiento médico, ya que el cromo en forma de suplemento afecta a la insulina. Puede tener efectos secundarios, que varían según la marca del suplemento. Los efectos secundarios, que van desde sarpullidos cutáneos a somnolencia, indican que debería interrumpir su consumo y consultar a su médico.

Por fortuna el cromo se encuentra en muchos alimentos: arroz integral, queso, carne, levadura de cerveza, cereales integrales, judías secas, melazas negras, hígado de ternera, pollo, huevos, productos lácteos, champiñones, aceite de semillas y patatas, entre otros. No obstante esto no significa que la mayoría de la gente puede obtener la cantidad necesaria con una alimentación adecuada.

Antes de conocer cómo pueden las vitaminas C y E ayudarle a tratar la diabetes, debe usted entender la naturaleza de esta enfermedad. Existen tres clases de diabetes. La primera, la diabetes insípida, es la que quizá le resulte familiar si veía usted la televisión en los años cincuenta. Fue en aquella época cuando empezó a investigarse la diabetes, y varias organizaciones médicas decidieron informar al público sobre este problema mediante anuncios divulgativos. En ellos se explicaban las señales que advertían de la presencia de diabetes: sed exagerada y no relacionada con actividades físicas, junto con micciones muy frecuentes que no guardan proporción con la cantidad de líquido bebido.

Hoy todavía mencionamos estas señales de aviso, aunque sabemos que estan relacionadas con la diabetes insípida, no con las diabetes mellitus tipos I o II, que se descubrieron hace relativamente poco. La diabetes insípida es la menos frecuente y está causada por una deficiencia de la hormona vasopresina, que fabrica la pituitaria, o por la incapacidad de los riñones de reaccionar apropiadamente a dicha hormona. Esta incapacidad suele ser el resultado de algún daño en la glándula pituitaria.

La diabetes mellitus tipo I se ha denominado «diabetes de la juventud» porque es más frecuente en niños y adultos jóvenes. El paciente depende de la insulina porque las células beta del páncreas, el órgano que la fabrica, han sido dañadas o destruidas, quizá a causa de un virus o por un problema autoinmune. En cualquier caso, es preciso recurrir a una fuente externa de insulina.

Algunos síntomas de la diabetes mellitus tipo I son similares a los de la diabetes insípida. Quizá los padres descubran que su hijo vuelve a orinarse en la cama, por lo general varios años después de que las micciones nocturnas hubieran cesado. Tiene mucha sed, orina con excesiva frecuencia y tal vez pierde peso aunque come tanto como antes o más. Siente fatiga y náuseas, a veces acompañadas de vómitos. Conviene no pasar por alto estas señales y síntomas.

La diabetes mellitus tipo II suele darse en adultos con antecedentes familiares de diabetes. En tales casos la insulina producida por el páncreas no sirve para controlar el azúcar de la sangre, por lo que la persona experimenta fatiga, sequedad anormal, sed exagerada, visión borrosa, infecciones de la piel, pinchazos o entumecimiento en los pies, picores y micciones frecuentes (cosa que, en un hombre, puede desembocar en una inflamación del glande y del prepucio).

Por desgracia, a diferencia de la diabetes insípida, pocos de estos síntomas son lo bastante inusitados para que la persona consulte a su médico. Por lo general atribuye su malestar al exceso de trabajo, las tensiones o los cambios en el estilo de vida (boda, divorcio, tener hijos, mudanza) o a la falta de sueño. Sólo después de un largo período de padecimientos empieza a sospechar que existe un problema y acude al médico, que le diagnostica la enfermedad.

Como ya hemos visto, una alimentación inadecuada constituye un factor para desarrollar la diabetes mellitus tipo II. A menudo esto quiere decir: demasiada comida precocinada, baja en fibra y en hidratos de carbono complejos. No significa necesariamente una dieta con alto contenido en azúcar, aunque el consumo excesivo de dulces, galletas, pasteles y tartas contribuye, por supuesto, a su aparición. También son propensos a padecerla los alcohólicos y los drogadictos, porque no suelen tener una alimentación adecuada y su adicción somete a su cuerpo a un gran estrés. A menudo el azúcar es uno de los ingredientes de los hábitos autodestructivos como el consumo de bebidas alcohólicas o los cigarrillos. Por lo general, cuando los fumadores intentan dejar el tabaco, experimentan un deseo exagerado de comer dulces, lo que suele ser una señal de hipoglucemia inducida por los cigarrillos.

Un efecto secundario de esta forma de diabetes es la incapacidad del paciente para percibir el sabor dulce con la misma facilidad que una persona sana. El diabético tiende a tomar mucho más azúcar y otros edulcorantes porque no logra discernir cuándo ha ingerido suficiente. En el caso de los adictos a las drogas que se someten a una terapia de desintoxicación, esta forma de diabetes puede pasar inadvertida durante meses a menos que se les realicen análisis de sangre u orina para detectarla.

Empezará a comprender hasta qué punto la vitamina C es esencial para un sistema inmunológico sano cuando entienda que la insulina ayuda a transportarla a las células. Lo más probable es que las células de un diabético con escasez de insulina sufran insuficiencia de vitamina C. Por eso son cruciales para todos los diabéticos sus suplementos. Recomiendo dosis diarias de entre 2.000 y 5.000 miligramos de vitamina C con bioflavonoides.

Cuando la diabetes no se diagnostica o el médico no se ha percatado de la necesidad de aumentar la vitamina C en un diabético, pueden surgir otros problemas. Los cortes o arañazos tienden a sangrar de modo anormal y se curan lentamente. Puede manifestarse una enfermedad vascular, con isquemia (flujo sanguíneo empobrecido) o gangrena. Los valores de colesterol aumentan y se producen estados de inmunodepresión. Puede haber glucosilación de proteínas y acumulación de sorbitol, factores que conducen a trastornos de la visión y los nervios. Con sólo dos gramos de vitamina C al día añadidos a sus suplementos puede reducir o eliminar estas enfermedades.

También la vitamina E previene muchas de las complicaciones de una diabetes prolongada y mejora la acción de la insulina. Dado que la vitamina C ayuda a estimular su efecto, la combinación de ambas parece reducir el estrés oxidativo. Quizá sea más importante aún para quienes no padecen la enfermedad pero tienen tendencia a desarrollarla que los suplementos de vitamina E pueden evitar o retrasar su llegada. Recomiendo entre 800 y 1.200 unidades de vitamina E para los diabéticos.

Asimismo puede probar a agregar un suplemento de 200 microgramos de picolinato de cromo a su alimentación diaria. Ayudará a que su cuerpo metabolice los hidratos de carbono, las grasas y las proteínas controlando la glucosilación. Y, como regalo adicional, tal vez incremente su energía y reduzca su apetito.

SORBITOL

El sorbitol se ha convertido en un importante tema de discusión debido a su uso como edulcorante artificial. Se afirma que es más seguro que otros, pero no he leído ningún artículo que explique cómo reacciona ante él el cuerpo. Lo que sé es que el sorbitol natural, creado por el organismo, puede causar problemas a los diabéticos. Si usted tiene diabetes y quiere comer o beber un producto que contenga sorbitol, le recomiendo que hable con su médico para asegurarse de que no le perjudicará.

Advertencia. No puedo recomendar ningún edulcorante artificial en estos momentos. En el pasado se demostró que todos ellos (sacarina, aspartamo, sorbitol) son peligrosos para algunas personas. Incluso pueden resultar más nocivos que el azúcar en cualquiera de sus formas (fructosa, sacarosa, sirope de cereales y similares). Los fabricantes de muchos productos no dicen que utilizan endulzantes artificiales para ahorrar gastos.

La única excepción, y es tan nuevo para mí en el momento en que escribo esto que no puedo estar del todo seguro, aunque lo uso actualmente en mi hogar, es un producto llamado Stevia. Proviene de una planta sudamericana y china, y al parecer es tan eficaz como saludable. Sólo el tiempo dirá si es seguro, pero quizá sea una alternativa para los golosos.

Otra opción consiste en recurrir a los excelentes libros de recetas de postres adecuados para diabéticos. Para su elaboración se emplean edulcorantes naturales: miel, un sirope a base de pasas remojadas en agua, zanahorias finamente cortadas y otros alimentos inocuos. De este modo usted podrá saborear bizcochos, galletas y tartas, así como una amplia variedad de bebidas y helados. Incluso algunas pastelerías y grandes supermercados ofrecen productos comerciales elaborados de este modo. Animo encarecidamente a todos a explorar estas opciones, porque lo que es bueno para un diabético es bueno para todos nosotros.

El sorbitol natural se forma dentro de las células gracias a la enzima aldosa reductasa. Es un producto derivado del metabolismo de la glucosa, y en un individuo sano se descompone en fructosa, un azúcar simple que se encuentra en algunas frutas, antes de ser eliminado de la célula. Los diabéticos no pueden hacer frente al sorbitol; para ellos, la reacción sorbitol-fructosa no ocurre como debería. Por el contrario, el sorbitol se acumula en su cuerpo y se convierte en un factor de los efectos secundarios debilitantes que a menudo se asocian con la diabetes.

El sorbitol hace que las células pierdan vitamina C, aminoácidos, potasio y algunas vitaminas del complejo B. La acumulación de sorbitol en las células provoca el desarrollo de trastornos en los nervios, el páncreas y otras partes del organismo.

La concentración excesivamente alta de azúcar en la sangre tiende a desencadenar el fenómeno de la glucosilación. Cuando esto sucede la glucosa se une a las proteínas y provoca cambios tanto en su estructura como en su función. Estas proteínas anormales perjudican al diabético: afectan al cristalino, al envoltorio de mielina que rodea las células del sistema nervioso y a las proteínas de los glóbulos rojos. Además por lo visto propicia el envejecimiento.

Todos los fármacos que habitualmente se recetan a los diabéticos para contrarrestar la acción nociva del sorbitol tienen efectos secundarios potenciales y pueden llegar a ser tan preocupantes como el problema que pretenden erradicar.

Por el contrario, se ha demostrado en varios estudios que un aumento del consumo de vitamina C es más eficaz que los fármacos para reducir las concentraciones de sorbitol. Además no tiene efectos secundarios, ni presenta ningún peligro si se prolonga su consumo.

ENFERMEDADES CARDÍACAS

La elevada tasa de enfermedades cardíacas en Estados Unidos es consecuencia de muchos aspectos de nuestra vida, entre los que hay que mencionar el sedentarismo, el consumo de alimentos grasos y la exposición al humo de los cigarrillos. En el próximo capítulo comentaré algunos de estos temas, pero de momento lo más importante es saber que el mejor remedio natural para combatir estas afecciones es una combinación de vitaminas E y C.

Durante el pasado siglo el humo del tabaco provocó enfermedades cardiovasculares. A pesar de que el tabaco se emplea desde hace centurias, el consumo de cigarrillos no se popularizó hasta pasada la guerra civil. En aquella época la familia Duke, de Durham (Carolina del Norte), y otras más descubrieron que podían enriquecerse si colaboraban en la nueva moda. En aquellos tiempos la publicidad comenzó a ser más sofisticada, y enseguida se promocionaron los cigarrillos para muy diversos propósitos. Según los anuncios, era bueno para la salud porque ayudaba a relajarse y evitaba propasarse con los dulces. Era un estimulante, pues la nicotina que «subía» al cerebro proporcionaba nueva energía. Además era una actividad social. Cuando se popularizó el cine, los cigarrillos desempeñaban un papel importante en la seducción. Las parejas fumaban cuando se conocían por primera vez; fumaban mientras desarrollaban su juego verbal; y fumaban mientras descansaban tras haber hecho el amor. En la cultura popular nada cambió cuando, ya en la década de 1890, los médicos descubrieron que los fumadores tenían mayor riesgo de padecer enfermedades cardíacas y cáncer que los no fumadores. Hoy día se sigue recurriendo a la sensualidad para anunciar cigarrillos, así como a su capacidad para hacer más atractivo al fumador o fumadora.

Al margen de lo que diga la publicidad, lo cierto es que el humo del tabaco contiene aproximadamente cuatrocientas sustancias químicas. Al fumar usted las ingiere, y también cuando hay humo de cigarrillos en el aire. En ambos casos las sustancias químicas le atacarán de la misma manera: son conducidas en el flujo sanguíneo por las moléculas de las lipoproteínas de baja densidad (LDL), o sea, el colesterol «malo» y provocan daño oxidativo tanto en las moléculas que las transportan como en las arterias. No obstante, el perjuicio que ocasiona el hábito de fumar no se limita a las arterias. También provoca hipertensión, y la lesión que causa en el hígado hace que éste no pueda regular de modo adecuado la concentración de colesterol. La lista de efectos nocivos es larga. Los riesgos a que se exponen los fumadores pasivos son más graves de lo que la mayoría de la gente cree: al año mueren más de 37.000 personas por enfermedades cardíacas relacionadas directamente con el humo expelido por otros individuos.

Una de las razones por las que el movimiento en contra del tabaco ha tardado tanto en constituirse es que hace poco tiempo que se obtuvieron pruebas de sus efectos a partir de ciertos estudios iniciados tras la Segunda Guerra Mundial. Por ejemplo, una investigación llevada a cabo en Inglaterra ha seguido la pista a lo largo de los últimos cincuenta años a cuatro mil niños nacidos en 1945. De sus datos se desprende que las enfermedades pulmonares que afectan a las personas al cumplir los veinte años (asma, bronquitis crónica, etc.) están relacionadas directamente con problemas de pulmones que se manifestaron por primera vez cuando tenían entre dieciocho meses y dos años de edad. La aparición de algunas afecciones en la juventud indicaba que en la infancia se había padecido neumonía y otras dolencias pulmonares.

En muchos casos estas dolencias se debían a que las madres fumaban durante el embarazo o bien a que el recién nacido había sido un fumador pasivo. En aquella época la gente ignoraba los efectos nocivos que el tabaco tenía en las criaturas. Como resultado, muchos de los niños criados entre los años cuarenta y los cincuenta que vivían en hogares donde había continuamente una nube de humo lo pagan hoy con su salud.

Por otro lado, no se conocieron los problemas que provoca permitir fumar en los aviones hasta que la vida profesional de las azafatas empezó a ser más larga. Durante muchos años las azafatas de vuelo tenían que ser bellas señoritas. Al principio eran enfermeras colegiadas, pero luego se prescindió de este requisito. No había azafatas casadas. Aunque en realidad eran especialistas en socorrismo asignadas a los aviones por si sus destrezas fuesen necesarias en caso de accidente, las azafatas se convirtieron en «bombones del cielo» en las mentes de la mayoría de los viajeros, que solían ser hombres de negocios. Las mujeres eran muy inteligentes, pero la mayoría consideraba que esa profesión les permitía viajar por todo el mundo, conocer hombres y casarse al final.

Hoy día no existe esta discriminación. Los asistentes de vuelo son tanto mujeres como hombres, jóvenes o mayores, habitualmente casados. Muchos de ellos pasan diez, veinte o más años en las compañías aéreas y, como permanecen mucho tiempo en los aviones, su cuerpo se resiente de una prolongada exposición al aire cargado y mal reciclado, al humo de los cigarrillos —antes de que se prohibiera fumar— y a la radiación inherente a los vuelos de elevada altitud. Quizá haya notado usted que el proceso de envejecimiento se acentúa en el rostro de los asistentes de vuelo y tal vez haya leído que sus sindicatos plantan cara a las compañías debido a que en ellos la incidencia de cáncer y enfermedades cardíacas es mayor que en otras personas de su misma edad y con antecedentes familiares similares.

Demostrar una teoría requiere su tiempo, y a la mayoría de la gente le cuesta abandonar lo que consideran un placer, hasta que se le presentan pruebas adecuadas de que entraña cierto peligro.

Hoy se sabe que las propiedades antioxidantes de las vitaminas C y E son vitales para combatir los daños producidos por el humo en los fumadores pasivos. Por tanto, incluso los más concienciados con la salud deben tomar a diario suplementos para reducir el riesgo de sufrir afecciones cardiovasculares desencadenadas por factores que escapan a su control.

COLESTEROL

Se ha comparado el colesterol con un adolescente que está enemistado con un muchacho que vive al otro lado de la ciudad. No tiene carnet de conducir, y sus padres no le llevarán a donde él quiere ir porque saben que va a pelearse. Entonces sale a la calle y hace autostop. Si alguien le sube a su coche, habrá bronca. Si no, se quedará en casa a salvo de peleas, a regañadientes, pero sin causar problemas a nadie.

El colesterol es una grasa que quiere provocar desastres viajando desde el hígado hasta las células del cuerpo. La única manera que tiene de lograrlo es hacer autostop para que las lipoproteínas le «den una vuelta». Igual que el adolescente puede ser recogido por un oficial de las fuerzas del orden público, un miembro del clero o cualquier otra persona que le

ayude a mantenerse lejos de problemas, la «violencia» fisioló-
gica que produce el colesterol depende de las lipoproteínas.

Las lipoproteínas de alta densidad (HDL) son los «buenos».
Transportan al colesterol por el flujo sanguíneo y luego lo de-
vuelven al hígado, donde no causará ningún daño al cuerpo
humano por el que ha estado viajando.

Por el contrario, las lipoproteínas de baja densidad (LDL) le
ayudan en sus tropelías. Les encanta el lado salvaje de la vida.
No se paran a pensar en la salud del organismo y dejan que el
colesterol viaje con ellas hacia el interior de las células, donde
incrementan el riesgo de arteriosclerosis.

La vitamina E actúa como un oficial al acecho, escondido
en las células, a la espera de que surja el problema si las LDL
acuden al centro de la ciudad. Penetra en las células, donde se
dedica a detener el daño producido por los radicales libres.
También aumenta las HDL, acelera la destrucción de la fibrina,
que da lugar a la formación de peligrosos trombos, y colabora
en otras funciones protectoras.

Las pruebas sobre el grado de susceptibilidad a enfermedades cardiovasculares han demostrado que si la sangre tiene un
nivel alto de vitamina E es menos probable que se desarrollen.
Además, al parecer una concentración alta de vitamina E en el
flujo sanguíneo contribuye a reducir las probabilidades de sufrir un infarto, aun cuando los valores de sustancias como las
grasas y el colesterol indiquen lo contrario. Recomiendo a las
personas que ya han padecido una enfermedad cardíaca o un
infarto que tomen entre 3.000 y 5.000 miligramos de vitamina C y ente 800 y 1.200 unidades de vitamina E al día.

Como decíamos al hablar de la vitamina C y el tabaco, esto
no significa que pueda usted alimentarse a base de comida rápida poco nutritiva y luego tomar vitamina E para contrarrestar sus efectos nocivos. No obstante, se ha demostrado que la
vitamina E, al igual que la C, puede garantizarle una salud me-

jor que la que sus costumbres alimentarias indican. Y si lo une todo (es decir, una dieta adecuada junto con los suplementos apropiados), prolongará su buena salud y posiblemente también el tiempo que tenga asignado en la Tierra.

9

UNIÉNDOLO TODO

Ahora que ya conoce los diez remedios naturales que pueden salvarle la vida, me gustaría que diera usted un paso más. Quiero ayudarle a desarrollar un estilo de vida que le permita estar siempre sano o sentirse mejor si no lo está y que, al menos eso espero, haga que nunca necesite los remedios naturales de este libro para curar una enfermedad grave. Si ya es demasiado tarde para evitar problemas de salud, deseo enseñarle cómo retrasar la aparición o progresión de algunas afecciones potencialmente debilitadoras.

¿Se acuerda del cuestionario que le presenté en el capítulo 1? Ahora que conoce estos diez remedios naturales y está preparado para poner en práctica sus nuevos conocimientos, me gustaría repasarlo.

1. ¿Practica algún ejercicio al aire libre, incluido un paseo a buen paso, durante al menos veinte minutos, cada día? ¿Lo hace durante las horas de luz, sin importar el tiempo?

El ejercicio físico es esencial para su salud. El mejor es aquel que obliga a trabajar los pulmones y el sistema cardiovascular durante al menos veinte minutos cada día. La forma menos cara de practicarlo es pasear a buen paso, tan rápido como pueda. A medida que aumente su aguante, puede optar por acelerar el ritmo y aumentar la distancia.

Es conveniente realizar una actividad física al aire libre porque la luz del sol hace que el cuerpo genere un tranquilizante natural. Además la mente se despeja, de modo que después seremos capaces de trabajar con mayor eficacia.

Le recomiendo que haga ejercicio incluso en días lluviosos. Si no es posible, considere otras actividades que puedan efectuarse en un lugar cubierto, como subir y bajar escaleras o pasear por un centro comercial. En los sitios donde usted pueda decidir qué clase de luz utilizar, asegúrese de que sea de espectro completo.

2. La iluminación de su vivienda ¿proviene de bombillas fluorescentes estándares? ¿De bombillas incandescentes? ¿De fluorescentes de espectro completo?

La luz de espectro completo es necesaria para su salud emocional. Afecta a la glándula pineal, que regula muchas hormonas, incluida la melatonina. Ésta es una de las hormonas responsables de su estado anímico. Si usted permanece en un lugar cerrado la mayor parte del día, se sentirá deprimido incluso en los días más hermosos. Lo ideal es una bombilla fluorescente de espectro completo de entre 6.000 y 6.500 grados Kelvin (así se mide la luz). Cuanto menor sea el número de grados, menos cantidad habrá de luz buena, o sea, la que resulta beneficiosa para su salud.

Le recomiendo que sustituya los fluorescentes por bombillas de espectro completo. Los nombres que reciben son variados. Puede adquirirlas en invernaderos, tiendas de plantas o de iluminación; estos comercios tendrán catalogadas las diferentes marcas y su gradación Kelvin.

3. ¿Ingiere comida rápida, alimentos fritos o con alto contenido en azúcar (como es el caso de la mayoría de los cereales comerciales, así como pasteles y productos de pastelería) más de tres veces a la semana?

Además de aumentar la posibilidad de ganar peso, una alimentación así causa deficiencias nutricionales. Probablemente se resfría a menudo en invierno, es más vulnerable a la gripe o a la neumonía y padece un estado de inmunodepresión. El consumo de azúcar refinado hace que el azúcar de la sangre suba y baje desmesuradamente. Esto provoca que en algunos momentos se sienta tan cansado que trabajar, jugar o cualquier otra actividad le resulte imposible.

4. ¿Come dulces (incluidos helados) como tentempiés o postres con relativa frecuencia?

Lea el comentario a la pregunta número 3 y añádale los problemas cardiovasculares. Los alimentos integrales contienen todos los nutrientes que necesita para una metabolización completa. Los alimentos procesados requieren nutrientes adicionales para evitar que se dediquen a «robar» los que hay en su organismo. Todas las clases de azúcar refinado necesitan vitaminas del complejo B para la metabolización, y el modo más fácil que tiene el cuerpo de encontrarlas es «robándoselas» al corazón. La predisposición a sufrir un infarto que presentan los hombres con sobrepeso no se debe tanto a la obesidad como a la mala nutrición, que obliga a las vitaminas a hacer frente a una elevada ingestión de azúcares.

5. ¿Siente que la cafeína no le afecta demasiado? Si bien le estimula un poco por la mañana o a media tarde, ¿ha notado que no interfiere en su capacidad para conciliar el sueño?

Los hipoglucémicos advierten que la cafeína no les proporciona ese estímulo que desean; por el contrario, crea una reacción entre el azúcar y la adrenalina que casi les obliga a dormir. Esto se agrava si junto con la taza de café toman una barrita de chocolate, un pedazo de tarta, un dulce o cualquier otro tentempié con alto contenido en azúcar. Aunque usted no sea hipoglucémico, si tiene estas reacciones o quiere evitarlas, elimine la cafeína de su alimentación.

6. ¿Bebe agua del grifo? Si es así, ¿sabe si las cañerías que la conducen, tanto en casa como en su lugar de trabajo son de cobre?

Las viejas cañerías de cobre añaden al agua que usted bebe diminutas cantidades de este metal. Ingerir una cantidad excesiva puede causar un problema psicológico que a menudo se confunde con un trastorno mental. Así pues, si se nota deprimido y no sabe la razón, use agua destilada al vapor para beber y cocinar. De este modo facilitará la excreción del cobre y otros metales tóxicos como el plomo.

7. ¿Calma su sed bebiendo agua, u otros líquidos como zumos, infusiones, café y similares?

El cuerpo necesita agua, no líquidos en general. Es vital beber unos ocho vasos de 225 gramos al día. Debería aumentar esta cantidad a medida que se hace mayor. Le recomiendo beber agua destilada. Además son necesarios otros líquidos, pero algunos como los que contienen cafeína pueden provocar excesiva micción, que a su vez puede producir deshidratación. Así pues, beba más agua, no más café.

8. ¿Realiza alguna actividad social; es decir, pertenece a algún grupo deportivo, grupo religioso, club o asociación?

A la larga su salud estará determinada en gran medida por su sentido de formar parte de una comunidad. Las organizaciones religiosas son idóneas, ya que se fundamentan en el apoyo mutuo, pero incluso participar en partidas de bolos con los amigos puede proporcionar la socialización que resulta tan necesaria para su salud.

9. ¿Está comprometido con otra persona? Si no es así, ¿quiere encontrar una relación de esta clase o, por el contrario, se entretiene sólo «tanteando el terreno»?

Por muy bien que se alimenten, por muchos suplementos nutricionales que tomen, por mucho deporte que practiquen y por muy bien que descansen, las personas solitarias no gozarán nunca de la calidad de vida de quienes mantienen relaciones de compromiso mutuo. Amar y sentirse amado, ya sea en una relación íntima o en una comunidad como la descrita en el punto 8, proporciona mayores posibilidades de tener una vida larga y sana.

10. ¿Debe viajar mucho en avión?

Los viajes aéreos pueden causar muchos problemas. En primer lugar, la mayor parte del aire de los aviones es reciclado, lo que incrementa su contenido de dióxido de carbono. Además, el reciclaje de los organismos suspendidos en él puede extender a todos los pasajeros las enfermedades contagiosas de algunos. Si su sistema inmunológico no es fuerte, es posible que un par de días después de un viaje en avión contraiga un resfriado leve.

Por otro lado, acentúan los cambios en el azúcar de la sangre, por lo que la presurización del aire en el avión ocasiona problemas a los hipoglucémicos y diabéticos. El rápido cambio de altitud hace que el cuerpo reaccione como si se le hubiera infundido azúcar. Durante el vuelo se necesita más insulina para metabolizar los alimentos que en tierra. Los viajes aéreos asimismo aumentan los efectos del alcohol. Así pues, recomiendo a quienes deben viajar en avión con frecuencia que beban mucha agua para hidratar el cuerpo y limpiar el sistema, así como llevar consigo suplementos de vitaminas.

11. ¿Sus viajes le obligan a cambiar de zona horaria?

Los cambios horarios afectan su biorritmo y su capacidad para dormir, además de debilitar su sistema inmunológico. La melatonina contribuirá a que su reloj biológico descanse, y las vitaminas C, E y las del complejo B le ayudarán a superar el estrés.

12. ¿Utiliza un ordenador en su lugar de trabajo? ¿En casa? ¿En los dos sitios?

El uso del ordenador puede limitar su exposición a la luz brillante (una de las principales causas de depresión y trastornos leves del sueño) y su actividad física. Además puede llevarle a adoptar una actitud despreocupada respecto a su alimentación. Es posible que esté tan absorto en su trabajo que se le olvide comer, o coma cualquier cosa que tenga a mano, sin atender a su valor nutritivo. Mientras trabaja ante el ordenador debería utilizar luz de tubos fluorescentes que imitan luz natural o bien bombillas incandescentes de espectro completo. Procure hacer pausas frecuentes para moverse, vigile su alimentación y recuerde apartar la vista de la pantalla del ordenador cada cierto tiempo para dirigirla hacia objetos que se encuentren a diferentes distancias con el fin de ejercitar los músculos de los ojos.

13. ¿Su manera de relajarse consiste en ver la televisión o utilizar el ordenador?

Esto produce el mismo problema que el mencionado en el punto 12. La falta de luz suele provocar una depresión, que hará que se vuelva más introvertido y evite relacionarse con otras personas, lo que agravará la depresión. A esto se une el hecho de que la mayor parte de la programación televisiva no es realista, y en el peor de los casos es violenta, lo que puede afectar su percepción del mundo que le rodea.

14. ¿Su horario de trabajo le obliga a desplazarse antes de que haya salido el sol o después de su puesta?

¿Comprende mi mensaje de que la luz es importante? El problema más habitual que plantean los hombres y las mujeres en edad productiva que acuden al médico es el de la depresión. Es un dato fabuloso para los fabricantes de Prozac y fármacos similares. Sin embargo, mucha gente no se da cuenta de que en numerosos casos el problema obedece al estilo de vida, no a un trastorno mental. No están deprimidos por motivos de salud, sino porque no reciben suficiente luz. Como ya he dicho, procure hacer pausas a lo largo de la jornada para salir del edificio si su horario de trabajo no le permite pasar cierto tiempo al sol por la mañana o por la tarde.

15. ¿Tiene que cambiar su turno de trabajo periódicamente, es decir, hacer el turno de mañana una semana y el de noche la siguiente?

Para lograr un descanso de calidad es necesario que su cuerpo se estabilice. Quizá no le sea posible evitar los cambios de turno, pero sí puede transformar la noche en día, y viceversa. Procure emplear luces muy brillantes cuando esté despierto, reduzca poco a poco su intensidad y tome melatonina antes de acostarse. Cubra las ventanas con cortinas opacas o use un antifaz para dormir, de modo que tenga la sensación de que es de noche. Debe ser consciente de que se hallará sometido a un estrés continuo a menos que estabilice los períodos de trabajo y descanso. La melatonina y las vitaminas relacionadas con el estrés, como las del complejo B, la C y E, son extremadamente útiles.

16. ¿Trabaja en el turno de noche, de modo que regresa a casa cuando los demás se levantan?

Si es así, debe crear un sistema luz-oscuridad que simule las condiciones ambientales que encontraría si trabajara en el turno diurno. Siga los procedimientos mencionados en el punto 15, salvo en lo relativo a las vitaminas, ya que si siempre trabaja en el turno de noche no necesitará tomar una cantidad adicional.

17. ¿Fuma?

Ya sabe que la nicotina aumenta el riesgo de padecer cualquier clase de cáncer. Además, los fumadores tienen un problema con la hipoglucemia y, dado que el tabaco está tratado con azúcar, fumar entraña mayores riesgos que la adicción a los dulces. La hipoglucemia puede asimismo contribuir a provocar una depresión, sobre todo si además toma usted bebidas con cafeína. Estas tres sustancias (nicotina, azúcar y cafeína) ocasionan grandes variaciones en la cantidad de azúcar de la sangre, las cuales afectan de modo negativo a las funciones del cerebro y pueden causar cambios bruscos de humor.

18. ¿Convive con un fumador o está expuesto en su lugar de trabajo al humo de cigarrillos, pipas o puros?

Lea de nuevo el comentario precedente. La diferencia más importante estriba en que, cuando sienta una leve depresión, probablemente no la asociará con el humo que se ve obligado a inhalar. Sin embargo, ésta es otra razón por la que tantas personas toman antidepresivos suaves cuando en realidad no los necesitan. En lugar de eso, le recomiendo que aumente el consumo diario de vitaminas antioxidantes en una cantidad entre 3.000 y 6.000 miligramos de vitamina C y entre 800 y 1.200 unidades de vitamina E.

19. ¿Toma algún suplemento nutricional?

Los suplementos nutricionales pueden contrarrestar numerosos problemas del medio ambiente y «pecados» personales. Si los consume, dará un primer paso hacia la regresión de una enfermedad degenerativa, disfunción del sistema inmunológico y otras afecciones.

20. ¿Se prepara usted mismo la comida o prefiere los alimentos precocinados que sólo hay que calentar?

La calidad de la alimentación, los peligros que entrañan las reacciones a los conservantes, colorantes y otros aditivos, así como la necesidad de tomar suplementos nutricionales, están determinados por el modo de preparar la comida. Algunos alimentos pueden desencadenar reacciones alérgicas, trastornos del sistema inmunológico, fatiga y depresión. Le recomiendo que prescinda lo máximo posible de la comida preparada y tome cada día un mínimo de cinco platos que contengan fruta y verdura, y al menos dos platos de pescado a la semana.

21. ¿Come carne de vaca? ¿Cerdo? ¿Pollo? ¿Pavo? ¿Pescado?

Cada alimento tiene su valor y entraña un riesgo. La carne de vaca no es buena para el sistema cardiovascular, y la forma en que se alimenta a los animales ha suscitado en ocasiones escándalos como el de la enfermedad de las «vacas locas». A los pollos se les suele administrar hormonas para acelerar su crecimiento. En muchas granjas no se permite que las aves salgan de las jaulas colocadas en filas. Así quizá se acelere su crecimiento, pero se las convierte en aves enfermas, lo que puede afectar al que las come. El pescado contiene los metales tóxicos que contaminan nuestras aguas, a menos que se críe cuidadosamente en condiciones controladas o se compruebe su estado si crece en un ambiente natural. Y así sucede con todo. Nuestros cuerpos son bioquímicamente capaces de digerir la carne, pero la clase de carne y el modo en que llega a nosotros es algo que debe preocuparnos a todos.

22. ¿Es usted vegetariano? ¿Obtiene toda la variedad de proteínas que necesita su cuerpo a partir de fuentes vegetarianas?

Los vegetarianos que no se informan bien suelen padecer malnutrición. Los humanos son omnívoros que no necesitan comer carne si obtienen las proteínas adecuadas de otros alimentos. Una dieta vegetariana fundada en un buen conocimiento de las necesidades del organismo puede ser muy saludable. Sin dicho conocimiento, no logrará ser una persona tan sana como la que consume carne de vaca llena de grasa como fuente principal de su nutrición.

23. ¿Trabaja o vive en un edificio que recicla el aire, o dispone de una fuente continua de aire fresco como, por ejemplo, ventanas abiertas?

A menudo los edificios de nueva construcción no tienen ventanas que puedan abrirse. En los sistemas de reciclaje del aire están al acecho esporas, bacterias y otros peligros, aun cuando el aire esté supuestamente limpio. Además estos sistemas cerrados de calefacción y refrigeración son fuente de enfermedades. Pueden dañar su sistema inmunológico y le exponen a una serie de enfermedades contagiosas. Insisto una vez más en que para gozar de buena salud el aire y la luz son tan necesarios como los suplementos de vitaminas antioxidantes.

24. ¿Puede dormir toda la noche, o su sueño se ve interrumpido por niños y bebés, un miembro de la familia que está enfermo u otra causa?

La falta de sueño produce un efecto negativo en el sistema inmunológico y puede desencadenar una depresión. Quienes saben que su sueño se verá interrumpido deberían tomar suplementos y cuidar tanto su alimentación como su actividad física para lograr el máximo de resistencia.

25. ¿Suele tomar bebidas alcohólicas o refrescos?

El azúcar que contienen estos productos producirá reacciones hipoglucémicas, depresión e inmunodepresión. Esto no significa que no deba tomarlos. Un consumo moderado, acompañado del uso de suplementos y vitaminas antiestrés, así como la práctica de deporte, nos ayudará a enfrentarnos a los problemas causados por el alcohol y las bebidas azucaradas.

Ahora que ha evaluado su situación a la luz de sus nuevos conocimientos y se plantea la posibilidad de introducir ciertos cambios en su alimentación y estilo de vida, es hora de comentar cómo puede usted combatir ciertas enfermedades que no existían antes o que no estaban tan extendidas. En los últimos años la ciencia médica ha progresado de manera notable, pero no hemos conseguido mejorar nuestra capacidad para enfrentarnos a los peligros que entrañan los avances tecnológicos.

Si usted nació poco después de la Segunda Guerra Mundial, sin duda se habrá visto expuesto a los peligros de radiación electromagnética de las mantas eléctricas, aparatos de televisión y pantallas de ordenador. Habrá padecido el crecimiento de bacterias y otros «malos compañeros» biológicos en los sistemas de calefacción y refrigeración de los herméticos edificios de oficinas. Habrá experimentando los efectos de los alérgenos que han aparecido junto a los más modernos materiales, como el que se aplica en el dorso de las alfombras. Habrá visto cómo se han añadido fosfatos a los detergentes para la ropa, flúor al agua, insecticidas a los cultivos, hormonas a los alimentos para animales y cómo se ha aplicado radiación para prolongar la conservación de la leche y de otros productos. Sin embargo, la medicina moderna se ha dedicado a investigar los tratamientos para curar enfermedades que afectaban a nuestros padres, abuelos o bisabuelos, dependiendo de nuestra edad. Los remedios naturales constituyen el método más rápido y efectivo de combatir estos elementos negativos que han aparecido aparejados a los avances tecnológicos.

En primer lugar me gustaría dirigirme a las personas nacidas durante el *baby boom*, es decir, en los años cuarenta. La suya fue la generación de la transición, porque fue el primer colectivo de la historia que elevó la ciencia a una categoría casi divina. A usted le enseñaron a aceptar hechos no demostrados, a buscar atajos sin tener en cuenta los posibles precipicios escondidos. En consecuencia, su vida se ha visto alterada, como se verá alterada la vida de los que vengan después.

Si tuviéramos que señalar el momento en que las mejores intenciones se convirtieron en los primeros pasos hacia el infierno del envejecimiento prematuro y de la muerte, lo situaríamos al final de la Segunda Guerra Mundial. El esfuerzo de los Aliados por derrotar a las potencias del Eje hizo que se aceleraran la investigación y el desarrollo de toda suerte de productos, desde armamento hasta naves aerospaciales, desde medicamentos hasta procedimientos quirúrgicos. A menudo se descubrió que lo que había sido creado con el propósito de destruir los refugios enemigos o salvar la vida de los Aliados tenía también aplicaciones pacíficas. Los avances en tecnología aerospacial, las nuevas formas de comunicación y muchas otras cosas positivas fueron resultado de la carrera por vencer al enemigo. Y cada descubrimiento se recibía como un avance. Sólo después entendimos cuán estúpido era ese modo de pensar, y es ahora cuando nos hemos dado cuenta de lo que aquello ha supuesto para nuestra salud y la de nuestros hijos.

Nos entusiasman los cambios. Si leemos algo acerca de algún nuevo descubrimiento que parece útil, enseguida queremos probarlo. Contamos con una magnífica tecnología y todos estamos deseosos por conocer cualquier nueva maravilla ideada en un laboratorio científico.

Por ejemplo, en Estados Unidos, en los años cincuenta se puso de moda que las zapaterías dispusieran de un fluoroscopio más pequeño que el que los médicos de los años veinte y treinta empleaban para obtener una imagen rápida de una parte del cuerpo del paciente. Consistía en una caja con un agujero en el fondo donde se introducían los pies juntos. Al mirar hacia abajo, oh, maravilla, se veía la estructura ósea de los pies dentro de los zapatos nuevos.

¿Qué hacía ese fluoroscopio? Exponer los pies a unas dosis de radiación no controlada.

La radiación es acumulativa. La que recibe a lo largo de la vida, desde la solar hasta la de los rayos X, permanece en el cuerpo. Usar aquel fluoroscopio era como echar pólvora en un explosivo. Un poco de pólvora puede servir para fabricar un petardo, pero un buen puñado puede destruir un barrio entero. Según la cantidad de radiación a que se haya visto expuesto desde su infancia, podría resultar que aquel simple fluoroscopio representase una amenaza para su salud.

Las personas de generaciones anteriores no estaban tan expuestas a la radiación como nosotros. Los agricultores sabían que debían llevar camisas de manga larga y sombreros de ala ancha para evitar el cáncer de piel. En general las personas no se sometían a pruebas de rayos X, salvo de manera excepcional. En cambio los nacidos durante la famosa explosión demográfica tenían que aprovechar todos los avances de la tecnología. Los dentistas le efectuaban radiografías en cada visita, y sus aparatos solían dejar escapar algo de radiación, a diferencia de los precisos equipamientos modernos. A veces en los hospitales sometían a rayos X a los niños que acudían a ellos tras una caída, aun cuando el médico sabía que no había nada roto. «Más vale estar seguros —afirmaba—. Además, disponemos de un equipo nuevo, de los más avanzados...» Los relojes de pulsera tenían los números dibujados con pintura radiactiva para que brillaran en la oscuridad, y los fluoroscopios servían para que uno se viera los pies dentro de los zapatos.

¡La ciencia no se detenía!

Otro asunto fue el de los insecticidas. Ciertas ciudades de Estados Unidos, así como algunas de las zonas residenciales más ricas y envidiadas, decidieron que Dios se había equivocado al crear los mosquitos y otros bichos. Gracias a ciertas maravillas de la ciencia, como el insecticida DDT, la naturaleza podía modificarse. Así pues, en los meses de primavera y verano, cada cierto tiempo se avisaba a los habitantes para que permanecieran en sus casas unos minutos a una hora temprana de la mañana.

En ese momento pasaba por la calle un camión que llevaba un gigantesco pulverizador. Se rociaban los árboles con productos químicos hasta dejarlos empapados, goteando como si hubiera llovido. El líquido mojaba la tierra, se filtraba, y también solían caer gotitas en las cabezas de los escolares que iban al colegio.

Nadie sospechó nada malo. Los residentes se veían libres de los insectos que tanto aborrecían, se acababan las picaduras de mosquito, los setos de rosas florecían a salvo de mordiscos y los jardines daban flores sin la amenaza de los dañinos bichos, que se habían eliminado gracias a las maravillas de la ciencia.

¿Se acuerda de lo que comentamos acerca del DES (dietilestilbestrol) en el capítulo 7? Se lanzó al mercado en 1945 como un fármaco prodigioso que supuestamente contribuía a que los embarazos con complicaciones concluyeran con el nacimiento de bebés sanos. Hoy día aún está vigente este concepto. Ya no se añade el DES a la comida de las vacas, pero sí se las alimenta con otros productos que contienen hormonas, las cuales pasan luego a quien come su carne. La hormona de crecimiento, una sustancia potencialmente peligrosa, y los estrógenos sintéticos son ejemplos clásicos.

¿Qué repercusiones tienen? No se sabe con certeza. Tan sólo se sabe que el consumo de leche ha aumentado a lo largo de los años, que los productos derivados de animales alimentados con hormonas se han convertido en parte importante de nuestra dieta y que, al mismo tiempo, las concentraciones de estrógeno se han incrementado mientras que las de testosterona se han reducido.

El asunto de la testosterona es interesante porque se ha

comprobado que en los últimos años se ha incrementado la violencia entre los varones jóvenes. Han aumentado las peleas en los patios de las escuelas y en bares, la violencia doméstica, la conducción temeraria y otros actos similares. Los sociólogos lo atribuyen a factores culturales: letras de canciones que incitan a la violencia; películas de acción en que la hombría se relaciona con puñetazos, pistolas, cuchillos y bombas; videojuegos en que para conseguir puntos es preciso matar. Sin duda, estos aspectos son importantes, pero opino que la reducción de testosterona también lo es. Ello es especialmente cierto si se tiene en cuenta que ciertos varones con valores de testosterona más elevados y sometidos a las mismas influencias no mostraban una conducta agresiva.

Como mencioné en el capítulo 7, la historia de la talidomida fue un desastre que comenzó más o menos en la época en que se recetaba el DES. Era otro fármaco ideado para ayudar a las madres embarazadas. Sin embargo, produjo defectos en la mayoría de los fetos. Nacían bebés a los que les faltaba el hueso entre el codo y la muñeca, con las manos justo en los codos, y otros sin piernas y brazos. Estos niños no presentaban ningún daño cerebral, aparte de los problemas psicológicos de tener que vivir en esas condiciones. Tenían la inteligencia necesaria para ser médicos, inventores, científicos, profesores o lo que desearan, pero por desgracia para algunos las taras físicas eran demasiado graves.

La cuestión de la talidomida que todavía nadie ha aclarado es si los hijos de los supervivientes tendrán algún daño genético. Y si tienen una apariencia normal, ¿acaso existe una especie de bomba de relojería que explotará en la generación siguiente?

Otros avances tecnológicos también han creado problemas desconocidos. Las mantas eléctricas empezaron a usarse con los niños de la explosión demográfica, y se sospecha que muchas de ellas, sobre todo las primeras, tuvieron repercusiones en la salud de sus usuarios debido al campo electromagnético a que estaban expuestos.

Los primeros hornos microondas estaban sellados con junturas de goma que dejaban escapar la radiación. Se detectaba el problema con sólo pasar el dedo por la goma mientras el microondas estaba en funcionamiento. Si el dedo se quemaba un poco, había que llevar el aparato a la tienda. Sin embargo, no se explicaba que si uno estaba expuesto al escape mientras trabajaba en la cocina, podían producirse daños en los ojos.

Se consideraba que los aparatos de televisión, tanto en blanco y negro como en color, desprendían radiación. Los maestros de escuela enseñaban a los alumnos que no era conveniente sentarse a menos de un metro y medio de distancia del aparato, consejo que no siempre se seguía.

El peligro de radiación del monitor de los ordenadores era tan grande en los primeros modelos que las empresas crearon unos protectores. En Canadá, tras una serie de estudios, la compañía estatal de correos y teléfonos prohibió a las embarazadas trabajar con ordenadores. Sin embargo en Estados Unidos raras veces se tomaban precauciones como ésta.

El plomo empleado en la gasolina empezó a preocupar cuando se amplió el sistema de autopistas, bajaron los precios de los automóviles y la gente comenzó a utilizarlos para ir a cualquier parte. De este modo, la contaminación se añadió a los problemas que comportaba un estilo de vida cada vez más sedentario.

Por último están los fármacos estimulantes y tranquilizantes, considerados ideales para afrontar las estresantes jornadas de trabajo. Fue en 1938 cuando las anfetaminas se convirtieron en un medicamento milagroso, función que habrían de desempeñar durante más de veinticinco años. Por supuesto, no habían sido sometidas a test alguno. Habían conseguido los estándares mínimos para su comercialización, pero se desconocían los efectos que comportaba su uso, o qué repercusiones tenía combinarlas con el igualmente «seguro» fenobarbitol.

Durante el siguiente cuarto de siglo se extendió su consumo. Reducían el apetito y proporcionaban más energía, de manera que permitían perder peso y ser más productivos. De lo que nadie hablaba era de su naturaleza adictiva ni de que se estaba cambiando el ideal de belleza femenina, que pasó a ser el de la extrema y anómala delgadez de las supermodelos. Estas pastillas ayudaban a las mujeres a alcanzar la deseada esbeltez, y la «necesidad» de tomarlas se extendió hasta tal punto que, en la época de la explosión demográfica, en 1946, madres y padres las consideraban indispensables para llevar una vida sana. En los años sesenta, cuando se conocieron todos los peligros que entrañaban estos fármacos y su uso comenzó a declinar, la nueva figura de mujer «perfecta» era tan popular que dieron paso a dietas interminables y, en casos extremos, a la anorexia nerviosa y la bulimia, enfermedades que todavía están a la orden del día.

La manifestación pública de este problema ocurrió en los estudios de la MGM durante el período en que trabajaban en él estrellas infantiles como Judy Garland. En 1969 esta actriz consumió accidentalmente una sobredosis de las drogas que el propio estudio le proporcionaba desde que era adolescente. A menudo se considera que este hecho fue una excepción, y no se relaciona con el contexto en que se produjo. Lo cierto es que casi todos los empleados de la MGM tomaban drogas, incluido Louis B. Mayer. El médico del estudio controlaba al personal, pero tenía tan escasos conocimientos sobre los problemas potenciales que comportaba su uso como el inocente público que se dejaba guiar por la «ciencia».

A este inventario se sumaron enseguida las pastillas para dormir. Mucha gente tomaba por las mañanas un estimulante para despejarse y por las noches un somnífero. De hecho, los programas de televisión y telefilmes de los años cincuenta demuestran cuán extendido estaba su uso. Era muy corriente que los personajes tomaran «pastillas para adelgazar», o que se aconsejara a la protagonista que ingiriera un somnífero, el cual le garantizaría un buen descanso nocturno. Estas píldoras eran algo común, y escenas como éstas no resultaban extrañas, del mismo modo que hoy no nos sorprende oír a un personaje de una película decir: «No olvide tomar las vitaminas.»

Por supuesto, se ignoraba que los estimulantes podían producir malnutrición, daños en los órganos y dependencia química, y que los somníferos deberían haber estado clasificados como fármacos incapacitantes. Por otro lado, no se explicaba que existen diferentes fases del sueño y que las pastillas para dormir dejan a la persona inconsciente sin permitirle alcanzar la más profunda. Este nivel más profundo es el que procura el auténtico descanso, pues el cuerpo se recupera y la mente a veces se descarga de las presiones del día a través de los sueños. Ahora sabemos que una persona que está habituada a tomar somníferos y duerme ocho horas cada noche se halla más lejos del descanso, y seguramente también de la salud, que otra que duerme sólo seis horas pero de manera natural. Esto no significa que sea adecuado dormir seis horas (o no lo es para la mayoría), pero el sueño natural nos lleva por todas las fases del descanso, a diferencia del inducido por las pastillas para dormir.

Como consecuencia, aumentó el número de zombies, o sea, «muertos vivientes». Siempre estaban cansados y padecían los efectos de una mala nutrición. Sin embargo, para ellos todo estaba bien, sencillamente bien. Tenían energía. Tenían aguante. Tenían infartos. Tenían el hígado destrozado.

Por otro lado, la adicción a estas drogas que de manera inconsciente se transmitió a la siguiente generación ha provocado que el uso de fármacos como el Valium o el Prozac se haya generalizado, siempre en detrimento de nuestro cuerpo.

(Breve lección de historia. En 1982 se abrió en California la clínica Betty Ford, que se dedicaba a atender a personas con adicción a las drogas. Ya existían muchos centros similares, y algunos famosos acudían a ellos en secreto. Sin embargo, hasta la apertura de la Betty Ford, se asociaba la drogadicción con personas marginadas, con escasa educación, sin posibilidad alguna de rehabilitarse. Las pocas personas «aceptables» que reconocían sufrir alguna adicción eran tratadas como seres descarriados que de algún modo habían caído entre los desahuciados, pero como eran «mejores» que los demás había esperanza de recuperarlos. La Betty Ford hizo que la gente se diera cuenta de que la adicción a las drogas era una asunto que afectaba a todos. Sólo entonces se empezó a pensar que podría ser beneficioso encontrar una alternativa a los fármacos.)

Por desgracia, nuestra recién estrenada toma de conciencia es bastante limitada. Tendemos a concentrar nuestros miedos en un solo fármaco. Éste es perjudicial; aquel otro que un magnífico equipo de investigadores acaba de inventar es beneficioso. Nos sentimos seguros si tomamos ese nuevo medicamento cuando, en realidad, quizá estemos cayendo en otra trampa.

Muchas personas nacidas durante la explosión demográfica eran aún unos niños cuando se popularizó la televisión. Ésta despertó tal curiosidad que muchas familias la integraron en su vida. Los niños llegaban a casa del colegio, merendaban y se sentaban delante del televisor durante la hora de la programación infantil. Después llegaban las noticias. En ese momento toda la familia se sentaba a la mesa para cenar, trasladaban el televisor (si era portátil) y se enteraban de los acontecimientos del día.

Dado que el televisor solía colocarse en un mueble, lo más

conveniente era cenar en la habitación donde se hallaba, aunque la pantalla fuera demasiado pequeña. En respuesta a esta situación primero se inventaron las mesitas plegables para servir la cena, y luego en Estados Unidos se implantaron las denominadas *TV dinners*.

El valor nutricional de las *TV dinners* era similar al de muchos cereales para desayuno. Probablemente tenían tanto valor nutritivo como las cajas en que se vendían. Las porciones habituales variaban, pero siempre tenían un elevado contenido en féculas. Acostumbraba haber pequeñas piezas de pollo rebozadas con alguna sustancia que al calentarla resultaba sabrosa, pero que cuando se enfriaba se convertía en puro engrudo. En ocasiones había pavo o carne asada, quizá con guarnición de maíz o guisantes, y no solía faltar un poco de puré de patatas. Muchos paquetes incluían un postre, y todos presentaban el atractivo de que bastaba con sacarlos del congelador, calentarlos en el horno y ponerlos en la mesita, una vez quitado el papel de aluminio protector.

La popularidad de estas comidas en Estados Unidos se hizo evidente en la vida privada de los ricos y famosos. En su última etapa como actor, Cary Grant era el símbolo televisivo de la sofisticación. Cuando invitaba a cenar al igualmente dulce, atractivo y sofisticado actor Peter Lawford, sacaba las mesitas plegables y unas cajas de *TV dinners*. Éste fue el efecto que tuvieron en la cultura estadounidense aquellas comidas no nutritivas y que servían para ahorrar tiempo.

Además hay que recordar cómo era la semana laboral en Estados Unidos. Los padres de los *baby boomers* que participaron activamente en la dura lucha sindical realizaron tremendos esfuerzos por lograr la semana laboral de cinco días y cuarenta horas de trabajo para todos. Esto supuso un beneficio tanto para los trabajadores como para los directivos, y los fines de semana se convirtieron en el tiempo dedicado a la familia. Las tiendas que abrían en fin de semana trataban de que fueran sus empleados solteros los que trabajaran en esos días especiales. La mayoría de los grandes almacenes cerraban los viernes y los sábados entre las cinco y las cinco y media, y no abrían los domingos. Solía haber un par de tardes a la semana en que el horario comercial se alargaba un poco más, hasta las ocho de la noche.

Hoy día muchos supermercados atienden las veinticuatro horas del día, los comercios de alimentos congelados o enlatados abren durante dieciocho horas al día o más, los de comestibles tienen ventanillas para servir a los clientes que pasan en coche a lo largo de las veinticuatro horas, los restaurantes de comida rápida a menudo no cierran sus puertas hasta las tres o las cuatro de la madrugada, y los grandes almacenes de los centros comerciales llegan a considerar que las diez de la noche es una hora demasiado temprana para finalizar su actividad. Sólo a las personas contratadas por horas, como los empleados de restaurantes, es probable que se les pida que trabajen menos de cuarenta horas a la semana, con el único motivo de que así los empresarios se evitan pagarles. En cambio a los directivos, que tienen un sueldo fijo, se les suele asignar una semana laboral de entre cuarenta y ocho y cincuenta horas.

Los despachos de abogados trabajan hasta altas horas de la noche. Algunas organizaciones de asistencia sanitaria piden a sus empleados que sigan un horario similar al de los servicios de urgencia de los hospitales, por lo que están abiertas al público alrededor de dieciséis horas al día. El aumento del número de ordenadores relativamente baratos y de módems ha hecho que cada vez más las empresas encarguen el trabajo que no puede llevarse a cabo en el horario laboral. Así pues, se espera de los empleados que usen el correo electrónico o las sofisticadas conexiones de Internet para terminar en casa lo que antes se habría realizado en la oficina. Hemos olvidado cómo descansar.

Los agricultores del siglo XIX, que tenían que usar herramientas manuales, aparatos mecánicos sencillos o la fuerza animal, en muchos casos no trabajaban tan de firme como los empleados de oficinas en la actualidad. Tal vez la vida del campo exigiese un gran esfuerzo físico, pero las jornadas de trabajo sólo se alargaban en determinados períodos estacionales. Había un tiempo para cada cosa: rastrillar, plantar, regar, cosechar y descansar. El año imponía un ritmo que facilitaba llevar una vida más sana que la existencia tan cargada de tensiones a que nos han conducido los aparatos diseñados para ahorrarnos trabajo, como el ordenador. Y estaba estrictamente prohibido trabajar en domingo.

Cuando encontramos tiempo para relajarnos, incluso nuestros modos de esparcimiento se han limitado tanto que hemos dejado de socializarnos. En lugar de la comunicación directa con los demás, preferimos los *chats* de Internet. Cada vez vamos menos al cine y recurrimos más a los aparatos de vídeo y otros sistemas caseros diseñados para el ocio. Apenas asistimos a conciertos y cada vez compramos más casetes y discos compactos. Nos aislamos al usar el *walkman* y colocarnos auriculares que bloquean el paso del ruido. Convertimos nuestros coches en cajas aisladas del exterior al poner la música a tope, hablar por los teléfonos móviles y engullir la comida empaquetada que colocamos en la bandejita especial. Pasamos la vida en lugares que tienen las ventanas cerradas, y nos socializamos desde la ausencia. Entablamos amistades virtuales, a pesar de que nuestra salud depende de tener amigos de carne y hueso.

Lo cierto es que el cuerpo humano se creó para el contacto interpersonal directo. Cuando tocamos a un ser querido, nuestra tensión arterial baja, se ralentiza nuestra respiración, nos calmamos, hallamos paz. Por eso las parejas que llevan mucho tiempo casadas hablan de la alegría que les proporciona estar juntos en la cama, «acurrucándose» (abrazados, acariciándose, hablando en voz queda). Al hacerlo, no sólo fortalecen su relación, sino también su sistema inmunológico, y mejoran su salud. El acto sexual les procura un inmenso placer, pero suele ser en sí secundario a lo que podría considerarse el juego previo. Ésta es de verdad la mejor medicina. A través del contacto físico recordamos que amamos y somos amados.

Durante generaciones la cultura popular ha ensalzado el amor comprometido y condenado las relaciones pasajeras. Y no se debía sólo a una cuestión de puritanismo. Los seres humanos siempre hemos experimentado lo que ahora la investigación médica ha demostrado, es decir, que una relación íntima comprometida proporciona salud, descanso y paz.

La sociedad contemporánea contribuye a los problemas de salud al eludir este hecho. Nuestras acciones buscan la gratificación instantánea de sentimientos a corto plazo, y no nos damos cuenta de que lo que resulta bueno para una relación es también necesario para disfrutar de una salud óptima a largo plazo. Recurrir al sexo por teléfono mediante los números 900 con desconocidos, conocidos fortuitos o amigos es como recurrir al uso de estimulantes para despejarse por la mañana o píldoras para dormir. Si no conseguimos sostener y construir nuestras relaciones, nos perderemos las ventajas fisiológicas que el amor reporta al cuerpo humano.

PARA QUIENES NO FORMARON PARTE DEL *BABY BOOM*

Si usted nació antes de esa explosión demográfica de los años cuarenta, tiene muchas probabilidades de que su salud sea mejor que la de los que nacieron entonces, porque en su etapa de crecimiento estuvo expuesto a menos peligros que ellos. Conoció algunos fármacos beneficiosos, como la penicilina, que estaba ya disponible en todas partes. Pero si goza usted de buena salud es probable que se deba a que tuvo un comienzo sano. Quizá su familia tenía un huerto, creció en una zona agrícola o tenía parientes que trabajaban en una granja y llevaban a su casa carne de aves y animales criados en libertad, además de productos cultivados sin insecticidas.

Si era usted pobre y su alimentación se basaba en una variedad limitada de alimentos, probablemente la preparación culinaria era más sana que la de hoy en las mismas circunstancias. A menudo unos ingresos bajos implicaban una dieta vegetariana, que se completaba con pescado capturado en aguas que aún no conocían la contaminación por mercurio y otros residuos tóxicos, o bien pollos criados en el patio de casa.

Si podía permitirse comer en restaurantes, seguro que no le servían frituras o alimentos preparados en masa. Quizá pedía un batido de leche, en lugar de una bebida no láctea como las que sirven la mayoría de las cadenas de restaurantes de comida rápida. Tal vez el pan que comía estaba elaborado con cereales enteros, no era ese pan blanco de ahora al que le quitan veinte nutrientes esenciales y le añaden después ocho, diez o doce para que pueda aplicársele el adjetivo «enriquecido».

Gracias a esos comienzos más sanos ahora le resulta fácil reponerse tras una enfermedad y recuperar el tono muscular. Además mantiene la agilidad mental y no presenta los signos de envejecimiento que en el pasado consideraba inevitables e irreversibles. En lugar de representar un obstáculo para que goce de unas condiciones de vida óptimas, es posible que su edad juegue a su favor.

Si usted pertenece a una de las generaciones posteriores a la explosión demográfica, las perspectivas de su salud a largo plazo son una incógnita. Ha evitado los peligros a que sus padres se expusieron inconscientemente, pero lo más probable es que le enseñaran que la comodidad y comer hasta hartarse eran más importantes que una nutrición adecuada. Quizá sea más activo físicamente, lo cual es importante, pero tal vez cargue con un problema genético resultante de la experiencia de sus padres. Además, es muy posible que descubramos que el empleo continuo de fertilizantes, pesticidas, fármacos y agentes limpiadores ocasiona daños al organismo. De hecho el 5 de octubre de 1998 la Agencia para la Protección del Medio Ambiente de Estados Unidos anunció una serie de planes para analizar quince mil sustancias que componían un amplio conjunto de productos, desde pesticidas hasta detergentes, utilizados en el ámbito del hogar. El anuncio se publicó en las páginas interiores de los periódicos preocupados por tales cuestiones. La mayoría de los informadores no comprendía el significado de dicho anuncio; equivalía a dar por sentado que las sustancias químicas a las que hemos expuesto a nuestras familias creyendo que eran inocuas encierran problemas.

Al final serán 62.000 las sustancias que serán analizadas. Las primeras pruebas se realizarán sobre productos que contienen sustancias químicas potencialmente tóxicas. La Agencia para la Protección del Medio Ambiente de Estados Unidos reconoce por fin que durante mucho tiempo se han usado de manera habitual grandes cantidades de sustancias químicas no probadas. Esta iniciativa es loable, pero, cuando se hayan analizado todas las sustancias químicas y se conozcan los resultados, habremos estado expuestos a ellas durante demasiados años. El efecto último puede ser que durante el resto de nuestra vida debamos combatir un número indeterminado de enfermedades con remedios naturales.

Para seguir con la película de terror hay que añadir que no es la primera vez que nos enfrentamos a una situación como ésta. Hace muchos años la Agencia para la Protección del Medio Ambiente elaboró la llamada lista GRAS (sigla de la expresión *generally regarded as safe*, «considerados seguros en general»). Comprendía productos no probados, como la aspirina, que llevaban usándose tanto tiempo que se consideraban seguros en general. Las voces que criticaron la lista GRAS señalaron que ¡uno de cada cuatro adultos presenta una reacción adversa a la aspirina tomada sola! El peligro que entraña este fármaco en el caso de los niños es aún mayor. Y era sólo uno de los más de cuatro mil productos de la lista GRAS. Añada ahora las 62.000 sustancias químicas de la relación actual y comprenderá el alcance de los problemas a que nos enfrentamos.

Así pues, cuanto antes empiece a llevar un estilo de vida adecuado que incluya los diez remedios naturales que pueden salvarle la vida, mayor será la probabilidad de que tenga que enfrentarse sólo a problemas menores.

¿Qué significa todo esto para los estadounidenses y los habitantes de otras naciones «avanzadas»? Al abandonar el empleo de remedios naturales, nos hemos convertido en una sociedad enferma. Ya hemos comentado algunos problemas relativos al agua y al aire, pero no son los únicos ejemplos de cómo, con nuestro estilo de vida, perjudicamos nuestra salud. A continuación le sugiero unas pautas que tienen en cuenta lo que ha aprendido para que pueda corregir sus costumbres de acuerdo con ellas, y así salvar su vida.

PRIMER PASO

Sea consciente de que todo cuenta. Cada decisión que toma, desde que despierta hasta que se acuesta, puede afectar a su salud. Cada ser humano tiene sus propias necesidades. La música machacona puede resultarle relajante a alguien mientras que otro tal vez la encuentre tan estridente que no la soporte. A usted quizá le encante moverse entre una multitud de gente, ya sea en centros comerciales o clubes nocturnos, mientras que su vecino busca la soledad de los parajes naturales. Tal vez usted desea tener media docena de hijos, mientras que su hermano considera que tener descendencia añadiría demasiado estrés a su vida. En cualquiera de los casos, debemos reconocer que el cuerpo necesita un mantenimiento diario para conservar la salud; existe una serie de necesidades básicas que es preciso atender, por muy incómodas o contrarias a nuestro carácter que nos puedan parecer. Entre ellas están las siguientes:

1. *Luz solar y ejercicio*. No me refiero a la luz brillante de los días soleados, aunque serían los idóneos para pasear. Aunque viva usted en una zona donde llueve o nieva con frecuencia, debe disfrutar del aire libre durante al menos veinte minutos al día. Además debería completar esta exposición al sol con la mayor cantidad de luz de espectro completo (luz del día) que pueda conseguir. Incluso la luz artificial debería ser brillante hasta aproximadamente una hora antes de ir a dormir.

En los años setenta conocí a un jefe de policía de una pequeña población que a los cuarenta y pocos años sufrió un infarto que le causó tal daño que se vio obligado a jubilarse. Sin embargo su médico, en lugar de animarle a descansar, le aconsejó que cada día caminara a buen paso durante una hora, tanto si hacía buen tiempo como si llovía o nevaba. No había excepciones.

—Pero ¿y si pillo una neumonía? —preguntó el ex jefe de policía.

—Mire, podemos curar una neumonía —respondió el médico—. Lo que no podemos hacer es devolverle la vida.

Este doctor era un hereje para su época. Muchos médicos de entonces habrían recomendado al ex jefe de policía que se quedara en casa y realizara sólo actividades sedentarias. Y al cabo de tres años habría muerto, si hacemos caso a las estadísticas de aquellos días sobre la esperanza de vida de quienes sufrían un infarto. Pasear cada día para fortalecer el corazón, los pulmones y el cuerpo es casi como infundir vida al cuerpo, porque el ejercicio físico cumple dos propósitos importantes.

Por una parte, fortalece los músculos del corazón, lo que facilitará que éste funcione a su capacidad máxima aun cuando haya estado enfermo. Éste es un descubrimiento relativamente reciente, pero disponemos de resultados a largo plazo obtenidos por médicos pioneros que, hace veinte y veinticinco años, pusieron en tela de juicio los conocimientos convencionales y animaron a sus pacientes a moverse. Muchos de estos pacientes, que hoy cuentan sesenta y setenta años, siguen activos y tienen una esperanza de vida que en el pasado jamás se les hubiera pronosticado. Si bien algunos toman medicación o padecen otras afecciones, a la mayoría les ha bastado con modificar sus costumbres alimenticias y de actividad física.

Por supuesto, un ejercicio cardiovascular vigoroso también fortalece el corazón de las personas sanas. De hecho, si puede usted elegir entre hacer deporte en un gimnasio o caminar todo lo rápido que le sea posible, escoja el paseo. Es mucho mejor para su cuerpo. Tal vez no obtenga el aspecto externo que desea, no pueda presumir de entrenador personal ni asistir a fiestas navideñas con los compañeros de sudores del gimnasio, pero mantendrá un estado cardiovascular excelente a bajo precio y sin tener que realizar un esfuerzo extenuante en una máquina de alta tecnología.

Recuerde que el buen estado físico era en otra época el resultado natural de la actividad diaria. La gente iba a pie al trabajo, a la tienda, al colegio. Caminaban mientras labraban los campos. Caminaban para reunirse con sus amigos. Además combinaban este ejercicio natural con el esfuerzo físico que representaba cultivar la tierra, cocinar, realizar las labores del hogar, trabajar en los talleres y las fábricas. El escenario de un gimnasio o un club deportivo es un fenómeno relativamente reciente.

En los años cincuenta y sesenta a los gimnasios sólo acudían quienes querían desarrollar sus músculos, practicar la halterofilia o el boxeo. También organizaciones como las YMCA[1] ofrecían salas para que la gente hiciera ejercicio por su cuenta. La idea de practicar el deporte de manera cotidiana en un gimnasio es nueva en nuestra sociedad. Además, es algo innecesario y aumenta el estrés de algunas personas. Éstas se sienten intimidadas por el aspecto social de los clubes y se preocupan tanto por su aspecto y por lo que piensan los demás que no logran relajarse y disfrutar de todo lo bueno que hacen por su cuerpo.

Como ya he dicho, hay un segundo elemento inherente al paseo a la luz del sol que encaja en los remedios naturales que hemos comentado. Me refiero a que se produce un cambio bioquímico cuando nos exponemos a la luz solar. El sol estimula la fabricación de un tranquilizante natural. Esto garantiza que el paseo sea sedante, descienda la presión arterial, se fortalezca el sistema inmunológico y cambie el estado emocional.

Algunos psiquiatras recomiendan a los pacientes que sufren una depresión grave que den un paseo diario al comienzo de las sesiones de terapia. Han descubierto que quien siente odio hacia sí mismo, insatisfacción y dificultad para afrontar la vida en ocasiones se niega a hablar. Estas personas suelen

---

1. Las *Young Men's Christian Associations* son centros creados sin ánimo de lucro que ofrecen desde alojamiento a salas de esparcimiento y servicio de comedor. (*N. de la T.*)

experimentar tal rechazo hacia sí mismas que tienen miedo al proceso terapéutico, porque temen que confirme que son tan «malas» como creen ser. Por lo general esto no es así (uno siempre es capaz de cambiar y llevar una vida mejor), pero probablemente no están preparadas para aceptar esta idea. Por el contrario, acuden al terapeuta convencidas de que, como el cambio no es posible, no asistirán a más de dos o tres sesiones.

Durante la primera visita, el terapeuta no pretende que hable acerca de sus problemas. En lugar de eso, persuade al nuevo paciente de que camine a paso rápido cada día durante al menos media hora. En todos los casos que conozco, el paciente que sigue el consejo en la segunda sesión ya se siente mejor que en muchos meses. La mejoría es tan notable que está dispuesto a confiar en el psiquiatra, abrirse, hablar con libertad. Ha empezado a creer que realmente es posible cambiar.

Además de pasear cada día, analice la iluminación de su vivienda, oficina y cualquier otro lugar donde tenga usted la posibilidad de modificarla. En aquellos en que no se lo permitan, tal vez pueda colocar una lámpara de mesa con una bombilla fluorescente que emita luz de espectro completo.

Recuerde que cuanto más luminosos sean sus días, mejor. Además, acostúmbrese a reducir poco a poco la luz a medida que se acerque la hora de dormir, lo que podrá conseguir mediante la instalación en las lámparas de reguladores que gradúen la iluminación.

2. *La alimentación.* Lo que come influye de manera determinante en su salud. Hay gente con un «cuerpo firme» y esbelto pero cuya alimentación es tan pobre que más bien parecen esos juguetes fabricados con materiales de baja calidad, que tienen un aspecto magnífico pero que se rompen después de jugar con ellos un par de veces.

Hace unos años cerró el último de los restaurantes Fred Harvey, sito en la Terminal Tower de Cleveland (Ohio). En 1945 dicho establecimiento atendía las necesidades de más pasajeros de tren que cualquier otra estación del país, incluida la Grand Central Terminal de Nueva York.

El maître del local Fred Harvey situado en la Terminal Tower de Cleveland tenía casi la misma edad que la propia cadena de restaurantes. Se jubiló a los ciento dos años y falleció tres después. Hasta ese momento solía ir a pie hasta una YMCA, a casi veinte manzanas de su lugar de trabajo, y allí corría en la pista de atletismo. Para él, transportar las bandejas de platos en el restaurante era un ejercicio de pesas; para mantener su sistema cardiovascular daba un paseo y corría.

Hablo de él por un incidente que sucedió cuando tenía casi cien años. En la YMCA adonde acudía se entrenaba un deportista que todo el mundo suponía sería el siguiente Mister Ohio y que tenía serias posibilidades de competir en el concurso de Mister América. Cada día el maître le observaba entrenarse, hasta que un día le dijo que estaba preocupado por su salud. Temía que aquel joven de aspecto escultural e impecable sufriera un infarto. Para argumentar su presentimiento, le propuso que corriera un rato en la pista de atletismo. El deportista apenas había recorrido medio kilómetro cuando empezó a sentir dolores en el pecho y dificultades respiratorias. Su programa de ejercicios le había debilitado poco a poco el corazón, en lugar de fortalecérselo. El atleta tenía grandes probabilidades de acabar convertido en el cadáver más atractivo de la morgue.

Acudió a un médico y enseguida modificó sus pautas deportivas. Comenzó a pasear, luego a correr y al final ganó el concurso, y con un estado cardiovascular excelente. De no haber sido por el anciano, que sabía de manera instintiva lo que necesitaba el cuerpo humano, habría muerto o se habría quedado inválido a causa de la tensión repetitiva de sus ejercicios de levantamiento de pesas.

Del mismo modo, los alimentos que usted come —así como los que elige no comer— pueden afectarle internamente mucho antes de que se noten las consecuencias en el exterior. Algunas personas que se dedican a profesiones rodeadas de *glamour* (modelos, actrices, bailarinas) tienen que luchar para mantener un peso bajo. Este empeño por estar delgadas suelen estimularlo los agentes de las modelos, los profesores de ballet, los fotógrafos publicitarios y los directores de reparto. Muchas autobiografías de bailarines mencionan que se vieron obligados a modificar sus costumbres alimentarias. Algunas mujeres que ofrecían un aspecto hermoso, grácil y fuertes agonizaban por dentro.

La preocupación por el aspecto físico conduce no sólo a adoptar una alimentación pobre o errónea, sino a que muchas personas dedicadas a profesiones con *glamour* incurran en conductas autodestructivas. Es bastante habitual el consumo de estimulantes unido al del alcohol. Muchos individuos que mantienen su peso de esta manera creen que la combinación de pastillas y vino es una alternativa «inofensiva» y más aceptada socialmente que los desórdenes de la conducta alimentaria propios de algunas modelos en épocas pasadas. La anorexia nerviosa y la bulimia son enfermedades que aún inquietan, por lo que, en un intento por volverse «sanos», muchos comienzan a consumir drogas.

Asimismo, algunas personas obesas recurren a lo que podría denominarse dietas yoyó. Están dispuestas a tomar drogas para limitar el apetito. O bien intentan ayunar. O ingieren suplementos y bebidas especiales que más que productos nutritivos son pura química. Otros se deciden por un enfoque saludable, como apuntarse a un programa de reducción de peso consistente en modificar los hábitos alimentarios. De este modo pierden el exceso de kilos despacio y de forma inofensiva. Sin embargo, de entre los que eligen esta opción sensata, algunos empiezan a comer otra vez los alimentos erróneos en las cantidades erróneas después de haber disfrutado una temporada con su nueva imagen. Poco a poco su peso volverá a aumentar. Entonces quizá repitan el mismo programa o prueben otro diferente. Estas personas engordan y adelgazan una y otra vez, como si fuesen un yoyó.

Ahora sabemos que una persona con sobrepeso que realice actividades cardiovasculares adecuadas gozará de mejor salud y vivirá más años que otra que siga dietas yoyó. Este último somete a su cuerpo a una grave tensión que no se cura de forma mágica durante los períodos de delgadez. De hecho, es mejor mantener el peso que uno tiene, sea cual sea, y cuidar la salud con otros métodos, que ganar y perder kilos continuamente.

No voy a recomendarle una alimentación específica. Ya conoce los peligros de la comida rápida. Al fin y al cabo la «comida basura» recibió tal nombre por razones obvias. No pienso adoptar el papel de padre recriminador o repetir consejos que puede encontrar en muchos periódicos y revistas. En cambio sí voy a hacer hincapié en la sugerencia que ya he formulado. Será el primer paso para conservar la buena salud o recuperarla en el caso de los que no se encuentren bien. Me refiero a la conveniencia de seguir una alimentación que en gran medida puede considerarse adecuada para quienes padecen de diabetes.

Sí, sé muy bien que ya lo he mencionado, pero deseo recalcar que todos debemos conocer si la dieta que hemos elegido es apropiada o no. Sospecho que muchos de ustedes pensarán que en una alimentación como la que propongo no hay nada sabroso, todo es soso y aburrido.

En primer lugar, no le propongo que siga exactamente la misma alimentación que un diabético que intenta controlar su enfermedad mediante la dieta y el ejercicio físico, sino que elimine todo el azúcar que pueda. También le sugiero que reduzca o abandone el consumo de carne roja, grasa de ave y sustancias similares. Asimismo le animo a que considere con la debida seriedad cómo puede modificar sus hábitos alimentarios.

Ya sabe que entre los productos que forman parte de una alimentación sana se cuentan la fruta y las verduras frescas, algo vital para los diabéticos. Pero quizá nunca haya pensado que, del mismo modo que son beneficiosos para los diabéticos, también son indispensables para llevar una vida más saludable.

Las manzanas, los plátanos, la remolacha, el repollo, los cítricos, el quingombó y los guisantes secos contienen pectina, un aditivo que se encuentra también en la confitura de fruta endulzada de manera natural. La pectina ayuda a reducir el colesterol y eliminar metales y toxinas. Frena la absorción de los alimentos y disminuye el riesgo de formación de cálculos biliares y la aparición de enfermedades cardíacas. Si usted está en tratamiento, la pectina contribuirá a reducir los desagradables efectos secundarios de los rayos X y de la terapia de radiación.

La pectina es una fibra soluble que crea una sensación de saciedad, de manera que los alimentos ricos en esta sustancia, como las manzanas, son un componente importante de las dietas de adelgazamiento.

Otra ventaja de la fibra soluble natural (puede obtenerla comiendo sencillamente una patata asada, con piel) es que forma un gel en el intestino delgado que frena la absorción de glucosa. Además acorta el tiempo que tarda la comida en pasar por el cuerpo, a la vez que aumenta la frecuencia de los movimientos de los órganos digestivos. Por último, ayuda a estabilizar el azúcar de la sangre, reduce los gases y acelera la producción de ácido biliar, todo ello beneficioso para su salud.

La alimentación ideal debería basarse en un consumo bajo de grasas y un elevado contenido de hidratos de carbono complejos. Debe ser fácil de realizar. No pretendo que se someta a un régimen tipo «prívese de todo y sea infeliz». La mayoría de las personas descubren que su nueva dieta les gusta más que la de antes, salvo porque tienen que renunciar a alguna de sus golosinas favoritas. «¿Cómo voy a dejar de tomar ese delicioso dulce?», se quejará alguien. Otro quizá descubra que le resulta difícil abstenerse del pastel de hojaldre que tanto le gusta. Un tercero pensará que las costillas a la barbacoa son algo así como un anticipo de lo que podrá saborear en el cielo. Ninguna de estas cosas supone un problema si se toman como un exceso ocasional.

Lo que sí le pido es que se comprometa a controlarse. Si le encantan los pasteles, nada le impide comerlos de vez en cuando. Conozco a un hombre al que le entusiasman las pasas recubiertas con un baño de chocolate. Solía almacenarlas en un cajón de su mesa de trabajo. Ahora compra sólo una caja cuando va al cine, algo que su mujer y él sólo hacen cada ocho o diez semanas, de modo que ese exceso ocasional no le causa ningún daño.

Algunas personas llevan un estilo de vida saludable durante todo el año, salvo en vacaciones. Siguen teniendo cuidado, pero durante un par de semanas al año se permiten ciertos excesos. Tal vez en una visita a un parque de atracciones compran perritos calientes, palomitas o incluso algodón dulce. Un día de excursión quizá incluya una parada en algún restaurante para tomar una hamburguesa y unas patatas fritas que acaso completen con un postre.

No obstante, durante las vacaciones siguen tomando suplementos de vitaminas y minerales, pasean para hacer ejercicio físico y eligen platos saludables de los menús del hotel. Han aprendido que la moderación es vital.

Sea cual sea su situación, recuerde que, si es usted una persona sana, ésa es la clase de alimentación que debe seguir. Si es usted diabético o padece una enfermedad cardíaca o de otra índole, entonces no goza de esta flexibilidad. La elección de sus alimentos es lo que marcará la diferencia entre la enfermedad y el bienestar, entre una vida rica y el deterioro del cuerpo. Pero si usa lo que ha aprendido en este libro tanto para prevenir como para tratar una enfermedad, no hay razón que le impida saltarse alguna regla de vez en cuando.

Así pues, ¿qué debe contener su alimentación básica para garantizarle una salud óptima? Cuando entre en un supermercado, diríjase directamente a la sección de productos frescos. Esto es importante, porque si es usted un comprador compulsivo esta sección es la más segura. Cada vez es más habitual encontrar en las tiendas de alimentación productos cultivados de forma orgánica. Si es posible, escoja siempre alimentos orgánicos, porque es menos probable que hayan estado expuestos a contaminantes como los pesticidas. Lo cierto es que nada garantiza que no hayan sufrido la acción de los pesticidas, ya que por mucho cuidado que haya puesto el agricultor es posible que otros hayan contaminado el suelo. Sin embargo, son más seguros que las verduras convencionales. Además, en muchas ciudades se organizan mercados de granjeros, lo que le permitirá adquirir productos más frescos, así como aprender detalles sobre los métodos de cultivo.

Elija siempre las verduras de la temporada y ¡pruebe productos nuevos! Procure incorporar el ajo a sus platos. Busque el ajo Kyolic en el supermercado o en las tiendas de dietética, porque es preferible al normal y no provoca rechazo en la mayoría de las personas que reaccionan de modo adverso contra el ajo.

Mientras hace la compra, planee cómo preparará los alimentos. Piense en cómo usarlos en ensaladas, solos, en zumos o de cualquier otra forma. Recuerde que las frutas y verduras pueden servirse como guarnición en platos de pollo y pescado.

Quizá desee echar un vistazo a un libro de recetas antes de ir a comprar o bien prefiera pensar en cómo combinar los sabores mientras mira lo que hay disponible.

Reduzca el consumo de carne. Hay muchos platos a base de pasta tan deliciosos que incluso los amantes de la carne quedan sorprendidos cuando descubren que no contienen ni una pizca de ésta. Cada vez hay más tiendas de alimentación que venden equivalentes a los productos cárnicos; son los elaborados con soja. Así, hay «carnes» preparadas sin carne y combinaciones de alimentos como las croquetas que antes mencioné.

Cuando haya acabado su exploración y selección, eche un vistazo a la sección del arroz, las legumbres y las sopas preparadas. No compre sopas enlatadas, pues suelen contener ingredientes o aditivos y tienen escaso valor nutritivo. Por supuesto, puede elaborar un buen caldo nutritivo con judías empaquetadas y otros alimentos preparados a los que puede añadir verduras cortadas, quizá algo de carne (no grasa), ave o pescado.

Si le gusta picar de vez en cuando, procure tomar tentempiés de fruta o verdura. Puede llevarlos en el bolso o en el maletín dentro de una bolsa de plástico bien cerrada o en otro recipiente.

Un utensilio de cocina ideal es un exprimidor para elaborar zumos de fruta o verduras frescas. No suelen ser caros, y su compra constituye una inversión excelente. Muchos de los zumos enlatados o embotellados son bastante sanos, pero los de productos frescos son los mejores. Por eso es conveniente tener un exprimidor a mano.

Si le interesan los libros de recetas, busque los que van dirigidos a vegetarianos, personas interesadas en la alimentación con bajo contenido en grasas y diabéticos. Ojee varios de ellos para ver cuál ofrece platos que sabe que le gustarán. Eche también un vistazo a los que tratan sobre cocina mediterránea. Al emplear mucho tomate, ajo (use Kyolic), aceites vegetales y pescado, dicha cocina reduce el riesgo de padecer muchas dolencias. De este modo ahorrará el dinero que gastaba en suplementos y obtendrá muchos de los nutrientes que consumía en forma de cápsulas, pastillas, polvos y líquidos. Además, a diferencia de los suplementos, la dieta mediterránea es deliciosa.

Sin embargo, lo más importante que debe recordar es que no existe un único modo de lograr una alimentación sana. Quien siga las recetas de un libro que sólo presenta platos insípidos conseguirá que su voluntad de llevar una vida sana se convierta en un castigo. En cambio, quien use un libro de cocina que ofrezca platos exquisitos y deliciosos tendrá que recordarse que no está incurriendo en un exceso, sino que toma una alimentación realmente buena para su salud. Estoy seguro de que no le costará encontrar recetarios que se adecuen a sus gustos. Consúltelos cuando vaya a planear su menú.

Muchos de los aspectos restantes que debe considerar al modificar sus costumbres alimentarias son más bien de sentido común. En primer lugar, escuche a su cuerpo. Normalmente sabemos cuándo consumimos alimentos que no nos sientan bien, porque nuestro cuerpo nos lo indica. Quizá tomemos el asunto a broma, pero somos tan conscientes de nuestros hábitos alimentarios como de nuestra salud.

El mantenimiento del peso sigue un proceso lógico. El peso permanece constante cuando el organismo quema la misma cantidad de calorías que consume. Esto no significa que el hecho de no engordar sea sinónimo de estar sano. Incluso si el consumo y el gasto de calorías está equilibrado, de poco le servirá si su cuerpo no recibe todos los nutrientes que necesita. Me refiero a las proteínas, los hidratos de carbono y las grasas. Asegúrese también de que toma todas las vitaminas y minerales esenciales.

Muchos de mis pacientes quedan sorprendidos al descubrir que, cuando consumen alimentos con un valor nutritivo completo, consiguen sin esfuerzo una dieta equilibrada y se sienten bien. No aumentan de peso ni tienen que estar calculando las calorías. Además, por lo general no cometen demasiados excesos porque su régimen alimentario satisface sus necesidades. La mayoría de las personas que comen en demasía carecen de los nutrientes esenciales e intentan compensarlo tomando más alimentos inadecuados.

Si es posible, procure comer cuatro o cinco veces al día de forma moderada. De este modo ayudará a que su metabolismo queme las calorías con mayor rapidez. Caminar a buen ritmo durante veinte o treinta minutos antes de comer también mejorará su metabolismo, y conseguir que éste se mantenga en un equilibrio saludable es una manera excelente de perder peso. Muchas dietas recomiendan el ayuno, es decir, pasar hambre, pero con esto sólo se logra estimular los mecanismos de defensa del organismo. El organismo, por su propia cuenta, llega a la conclusión de que se atraviesa un período de hambruna y, determinado a salvar la vida, entra en una dinámica protectora y comienza a almacenar grasas. Mientras uno pretende perder peso, el organismo se comporta como si el Señor hubiera enviado plagas y epidemias. Por eso es mejor hacer varias comidas frugales que pasar hambre.

Advertencia. El ayuno puede ser muy importante para desintoxicar el cuerpo. Los ayunos periódicos en los que durante veinticuatro horas sólo se consumen zumos, no alimentos sólidos, pueden ser beneficiosos para la salud. Con ellos no se pretende perder peso, sino desintoxicarse. Si bien cada persona es diferente, he descubierto que esta práctica, realizada una vez a la semana o quizá tres o cuatro días cada tres meses, es conveniente. Quienes deseen llevar a cabo ayunos más prolongados para desintoxicar el organismo, lo mejor es que consulten a un profesional de la salud. En cualquier caso, tome zumos (nada de beber sólo agua); el ayuno se refiere sólo a los alimentos sólidos.

En cuanto a los alimentos procesados, recuerde que el tratamiento a que son sometidos les hace perder nutrientes y vitaminas esenciales. Quizá uno coma hasta hartarse, pero no de forma sana, porque no ingiere lo que necesita para conseguir la mejor calidad de vida. En consecuencia, esa persona corre el peligro de envejecer de forma prematura, o morir antes de tiempo, y con toda seguridad será menos eficaz en sus tareas. Por eso los suplementos son cruciales. Y por eso también muchos de ellos pueden salvarle la vida, y lo harán.

3. *El descanso* Se acuerda de qué es el descanso, ¿verdad? Es ese período de sesenta segundos en que cierra los ojos y exhala mientras espera ante un semáforo en plena hora punta. Son esos cinco minutos en que deja de escribir en el ordenador porque no podía mantener los ojos abiertos por más tiempo. Son esos tres minutos y veinte segundos de bendito silencio que pasan desde que su hijo baja del coche enfrente de la casa de un amiguito hasta que sale de ella corriendo para pedirle que les lleve al partido de fútbol. Es ese rato de cuatro o cinco horas en la cama durante las cuales duerme, piensa en lo que no ha podido hacer hoy o se preocupa por lo que le aguarda al día siguiente. Por supuesto, hay personas que hacen estas tres cosas a la vez pero, mientras estén tumbadas y tengan los ojos cerrados, están descansando.

¿Le parece que hay algo malo en esta descripción?

Sólo existen dos experiencias en que la falta de sueño es normal, algo previsible, que escapa a nuestro control. Una de ellas es la que viven los prisioneros de guerra mientras permanecen en territorio enemigo. La otra ocurre durante los tres o cuatro meses que siguen al nacimiento de un hijo. Ambas comportan cierto grado de estrés postraumático, así como la tendencia a sentir la necesidad de contar a los demás nuestra peripecia.

¿Cree que bromeo? Bien, sólo un poco. A decir verdad, nuestra sociedad considera el descanso un enemigo, en lugar del amigo que es. Lo tratamos como si fuese una enfermedad que hubiera que evitar, lo rehuimos del mismo modo en que nos apartamos de los compañeros que se presentan con la nariz mocosa, los ojos vidriosos y tos seca. Nos ufanamos de lo poco que dormimos y de lo mucho que trabajamos. Sin embargo, lo cierto es que muchas personas tienen carencias de sueño, por lo que con toda seguridad, su cuerpo no funciona a pleno rendimiento.

Para todos nosotros el descanso es un tiempo de cura. Es un tiempo para la recuperación. Es un tiempo para el crecimiento. Si a un niño le privamos del sueño, no se desarrollará bien, se volverá más vulnerable a la enfermedad, más proclive a los miedos y las preocupaciones.

La mayoría de nosotros ha leído con envidia que algunos genios se jactaban de que lo que habían logrado se debía a que dormían sólo cuatro o cinco horas cada noche. Tal vez es cierto en algunos casos, pero hay otros como el de Albert Einstein, que necesitaba dormir diez horas, dos más de lo que la mayor parte de la gente considera normal. Lo que no se explica es que pocos, si es que hay alguno, de esos sabios dormían las horas que decían. Por ejemplo, Thomas Alva Edison raras veces permanecía más de cuatro horas en la cama, pero lo que mucha gente ignora es que solía echar algunas siestas. Se desconoce cuánto tiempo dormía cada día, pero seguro que estaba más cerca de las ocho horas que de las cuatro que aguantaba en la cama.

En los últimos meses una serie de estudios sobre el sueño han desvelado que los individuos que hacen una siesta de tan sólo veinte minutos se sienten tan descansados que pueden trabajar con la misma agudeza mental que si hubieran dormido toda la noche. La cabezada de veinte minutos es tan útil para el que va a trabajar bien relajado después de haber dormido toda la noche como para el que se la ha pasado agitado.

Muchos negocios han pasado por alto estos datos, pero algunas empresas sí les han prestado atención. Estas últimas animan a los empleados a echar una siesta de veinte minutos durante el horario laboral, por lo general después de la comida, cuando todo el mundo está más somnoliento por la digestión. Han descubierto que tras este breve reposo están tan despejados el resto de la tarde como por la mañana. Antes de que se permitieran estas siestas, las tardes eran períodos relativamente menos productivos.

El doctor en Medicina Irv Dardik, un médico dedicado a la investigación, llevó a cabo un experimento mediante el cual descubrió que el ciclo de descanso en un programa de ejercicios puede convertirse en un elemento de curación. Usando un aparato especial que controla el pulso, se practicaba ejercicio físico hasta alcanzar una tasa cardíaca máxima predeterminada; a continuación se usaban técnicas de relajación y visualización durante la fase de descanso. Descubrió que la salud de la persona mejoraba y que la recuperación se realizaba más deprisa de lo normal si se aprovechaba el «bajón» que sigue a la actividad física.

De lo explicado se deduce que el sueño es necesario para mantener una buena salud. Por ello es tan importante la melatonina. Y también por esta razón las personas que triunfan consideran el descanso tan vital como el trabajo.

Recuerde que estamos hablando de dormir, de tumbarse cómodamente con los ojos cerrados en una habitación a oscuras, no de relajarse con un buen libro, música, amigos o una afición. Éstas son actividades placenteras y útiles, pero no proporcionan los mismos beneficios que el sueño.

El descanso es una cuestión importante y tiene relación con el sueño. Muchos de nosotros somos incapaces de dormir si no logramos apartar las preocupaciones del día.

¿Cómo se relaja y descansa usted? Cada uno tiene un método diferente. Algunos se valen de una actividad agotadora para serenarse, aunque en realidad lo hacen porque así les resulta más fácil conciliar luego el sueño.

Por ejemplo, a algunas personas les gusta acabar la jornada laboral dando un largo paseo. A veces lo hacen por la misma zona en que trabajan, o bien regresan a casa a pie. En ocasiones caminan por su barrio o algún centro comercial, y en otras salen acompañadas de un amigo, su pareja o su mascota.

Otras personas escuchan música, pero es importante prestar atención a la que se elige. La música debería relajar su cuerpo y su mente. Debería ayudarle a serenarse, no a excitarle más aún. Si no está seguro de cuál le conviene, pruebe a desayunar y cenar en una cafetería o restaurante que cuente con un servicio de hilo musical. Las personas que se ocupan de ellos programan la música con sumo cuidado. Observará que la que seleccionan por las mañanas suele ser animada y con *tempo* rápido. Entonces, si se fija en los clientes, verá que sus movimientos parecen acompasarse con la música. Reaccionamos de manera inconsciente al *tempo*, es decir, al ritmo que impone la melodía.

¿Por qué se elige esa música? Porque normalmente lo que la gente pide para desayunar es bastante limitado: beicon, huevos, patatas, tostadas, café y zumo; no hay entrantes, bebidas adicionales ni postres. Por tanto, el dinero que puede ganar el restaurante también es limitado, y el mejor modo de aumentar los ingresos es cambiar rápido las mesas. Es decir, que los clientes entren y salgan deprisa. Un servicio eficiente y amable, unido a una música animada, sirve para hacer más negocio.

Por las noches la situación cambia. La mayoría de los restaurantes que permanecen abiertos todo el día sirven menos cenas que desayunos. Así pues, en lugar de intentar conseguir el máximo posible de pequeños pedidos, lo que hacen es tratar de animar a los pocos clientes a quedarse y pedir más comida. Por tanto, la música que oirá a esa hora será a menudo más lenta. El efecto de esta manipulación agradable del subconsciente es que quizá usted pedirá bebidas, ya sean licores o refrescos o los zumos de fruta. El camarero estará atento, le rellenará la copa, quizá le informará de que las cosas van un poco lentas en la cocina, de modo que tal vez le apetezca tomar algo más mientras espera. Usted probablemente pedirá como mínimo algo para picar y un par de bebidas más. No se sentirá desatendido, porque el camarero está pendiente de su mesa, a pesar de que le hagan aguardar más tiempo del realmente necesario para preparar lo que ha elegido. Quizá se percate de que las luces son tenues para ayudar a su melatonina a entrar en acción, es decir, para relajarle. La música será suave, del estilo que suele elegir cuando se recuesta en un sofá con los ojos cerrados.

Al cabo de un rato, bajo el efecto tranquilizador de la música, quizá se anime a pedir postre y otra bebida. Su cuenta va en aumento. Al final, como ha pasado un rato tan agradable, no le importa pagar una suma tan elevada y dejar una buena propina. Además, lo más probable es que vuelva otra noche.

Del mismo modo que en el restaurante la música le tranquiliza, también le reporta paz cuando desea descansar una vez finalizadas las actividades diarias. Por eso le recomiendo que use la música para relajarse, seleccionando piezas como las que se oyen en el restaurante a la hora de la cena.

Por supuesto, también es posible relajarse practicando un deporte, artes marciales, bailes de salón o incluso coleccionando sellos. Queda a su elección. En cualquiera de los casos debe separar la actividad que le relaja del auténtico descanso.

El sueño, crucial para su salud, es un componente esencial de los remedios naturales. Del mismo modo que tiene que modificar su horario laboral según las prioridades del trabajo o familiares, quizá también deba ajustar sus horas de sueño para obtener un descanso adecuado. Si por las noches no puede dormir lo suficiente, procure echar alguna cabezada durante el día. No será una pérdida de tiempo. Una cantidad de sueño adecuada le ayudará a mejorar su rendimiento.

4. *Las relaciones con los demás.* No estamos hechos para vivir aislados. Somos una excepción entre los mamíferos por nuestra capacidad para establecer lazos de por vida. Lo que a menudo nos negamos a reconocer es que necesitamos estar vinculados a los demás, si no mediante el matrimonio, sí al menos en relaciones de amistad.

En los últimos años se han realizado numerosos estudios para establecer qué determina la buena salud emocional y física. Encontré especialmente interesante uno elaborado en el condado de Alameda (California), por Lisa F. Berkman y Lester Breslow, y publicado en 1983 por Oxford University Press. Descubrieron que quienes se aíslan de la comunidad presentan mayor riesgo de sufrir problemas de salud que las personas integradas en ella. Sus descubrimientos indican que si usted tiene amigos íntimos, forma parte de un grupo religioso, club u otra clase de asociación que le permita el trato con los demás, aunque sus costumbres alimentarias y de ejercicio físico sean bastante pobres, quizá goce de mejor salud y viva más años que otra persona que practique mucho deporte y tenga un cuerpo escultural pero carezca de amistades y prefiera la soledad. Este hecho es cierto incluso si el primero fuma, come carne y apenas consume fruta y verdura frescas, mientras el segundo cuida su alimentación y la completa con suplementos.

El proyecto de Alameda tenía por objeto estudiar a los estadounidenses de origen japonés que vivían en la zona. Provenían de comunidades tradicionalmente unidas por fuertes lazos y, como habían repetido ese mismo esquema de vínculos en su comunidad de Estados Unidos, presentaban una tasa muy baja de enfermedades relacionadas con el estrés, tales como el cáncer. Esto se observó incluso en quienes fumaban y habían adoptado la dieta occidental. Por el contrario, los japoneses que a su llegada a Estados Unidos se habían occidentalizado por completo y vivían sin el apoyo de la comunidad, o de una familia numerosa, veían incrementada su tasa de enfermedades asociadas al estrés.

Ya he mencionado que en el pasado entre los obreros de las fábricas, una vez jubilados, era muy común la muerte temprana. En los años cincuenta se estudió a un numeroso grupo de obreros de fábrica en Detroit, Cleveland, Akron y Pittsburgh. Todos trabajaban en la misma industria: manufactura de productos para automóviles. Todos se hallaban sometidos a un grado similar de estrés, ganaban un sueldo semejante y se alimentaban de manera parecida. La mayoría bebía alcohol, generalmente cerveza, y fumaba. Por tanto, en teoría, todos tendrían que haber muerto más o menos a la misma edad, pero no fue así. Los hombres que se habían quedado en casa y llevaron una vida solitaria tras la jubilación murieron en los tres años siguientes. En cambio los que se apuntaron a clubes, participaron más en las asociaciones a las que ya pertenecían, realizaron trabajos voluntarios, se implicaron en los grupos religiosos de la comunidad, aceptaron empleos de media jornada o encontraron modos de entablar nuevas relaciones alargaron su esperanza de vida diez o veinte años más que los antiguos compañeros que habían decidido aislarse.

Así pues, queda demostrado que las personas que participan en las actividades de su comunidad (o de su familia) parecen tener más ganas de vivir. Un hombre o una mujer que sufra una enfermedad o deba someterse a una operación quirúrgica que ponga en riesgo su vida tiene más posibilidades de recuperación si cuenta con una persona querida a su lado:

su cónyuge, pareja, un amigo íntimo o incluso su mascota. Los sentimientos que despiertan las relaciones íntimas estimulan las ganas de vivir. Sabernos amados, saber que alguien se preocupa por nosotros, saberse parte de un grupo es la experiencia más sana que se pueda tener.

La necesidad que sentimos de formar parte de una comunidad, aunque sea una comunidad de dos, resulta evidente cuando buscamos consejo en momentos de tribulación. En el pasado la gente comprendía cuán importante es tener a alguien que sepa escuchar. En algunas ciudades de Estados Unidos se pagaba en el mercado a los «oyentes», es decir, hombres que a cambio de unas monedas escuchaban los problemas de los demás. Se mostraban atentos y comprensivos. Ignoramos si daban consejos, pero parece poco probable. Sólo después, cuando se desarrollaron campos como el de la psicología y la psiquiatría, el oyente a sueldo se convirtió en otra clase de profesional, pero su figura tiene el mismo valor que antaño, ya la encarne un camarero, un sacerdote o un psicólogo.

Los seres queridos desempeñan esta misma función. Si somos capaces de hablar sobre lo que nos preocupa, ya hemos empezado a curarnos.

Hace muchos años dos psiquiatras de la Facultad de Medicina de la Universidad de Washington, en Seattle, diseñaron una escala para medir el estrés. Entre los ítems que la componían figuraban el fallecimiento del cónyuge, el divorcio, la separación, el cambio de trabajo, el traslado a otra ciudad. Para descubrir qué probabilidad tenía una persona de padecer problemas de salud había que enumerar todos los cambios significativos que hubiera vivido en los doce meses anteriores y puntuarlos según la escala.

El estudio Alameda sobre los estadounidenses de origen japonés mostró que esta prueba no resultaba tan precisa como se había pensado. Tomemos el ejemplo de un hombre de setenta años que vive en Nueva Inglaterra y queda viudo. Deprimido, decide que no puede seguir viviendo en el lugar que tanto le recuerda a la mujer a la que amó. Así pues, hace las maletas y se traslada a Arizona, donde no conoce a nadie pero cuyo clima encuentra muy agradable. Alquila un apartamento, empieza a pasear, cuida su alimentación y cada vez se siente mejor. Acude a una iglesia y participa en sus actividades. Muchos miembros de la parroquia se hacen amigos suyos y le llaman cada día, le introducen en la vida social del lugar y le ayudan durante el primer año posterior a la pérdida de su esposa. Poco a poco la salud de este hombre y su opinión sobre la vida mejoran.

Advertencia. Para la mayoría de la gente, una iglesia, sinagoga o mezquita brinda el apoyo comunitario adecuado, razón por la cual lo he mencionado. Sin embargo, cualquier grupo que proporcione ese mismo apoyo cumple esa función, ya sea una tertulia, una liga de bolos, cualquier organización o club. Lo importante es el contacto directo con buena gente.

Según la escala de puntos de los dos psiquiatras de la Universidad de Washington, este hombre ya tendría que haber muerto. Sin embargo, la vida real escapa a esta clase de tests. Ciertamente su salud era precaria y su sistema inmunológico se hallaba sometido a estrés, pero éste se fortaleció cuando se implicó en la comunidad, su actitud se volvió positiva y su estado físico mejoró. Admitiremos que durante los meses que siguieron a la muerte de su esposa presentaba un alto riesgo de contraer una enfermedad grave. Algunas personas no superan los cambios pero, cuando lo consiguen, lo que les hace recuperar el equilibrio y mejorar la salud es la participación en la comunidad y saber que los demás cuidan de ellas.

Paul Horton, doctor en Medicina, psiquiatra y autor de *Solace: The Missing Dimension in Psychiatry*, considera que el solaz es sinónimo de bienestar. Los niños asustados, solitarios o cansados a menudo se aferran a una manta, un muñeco favorito u otro artículo en busca de consuelo. El ritual de cada noche puede consistir en abrazarse a ese objeto, colocarse en una determinada posición en la cama, quizá en un ángulo especial bajo las sábanas. Luego, cuando experimentan la sensación familiar que ese hábito les proporciona, enseguida encuentran paz y descansan.

Los adolescentes se angustian por la falta de solaz. El doctor Horton cree que su sentido de alienación y su rebeldía están ligados a la búsqueda de consuelo. ¿Cómo llegan a este estado? En primer lugar, por el alejamiento natural de sus padres. A continuación, porque la mayoría aún no tiene amistades íntimas. Por lo general las entablan más tarde, pues la mayor parte de los adolescentes están demasiado encerrados en sí mismos o demasiado preocupados por lo que pensarán sus amigos si les piden su ayuda. Además, les da vergüenza recurrir a los objetos que en la infancia les proporcionaban tranquilidad, aunque no es raro ver a un muchacho inquieto tumbado en la cama abrazando a su oso favorito u otro muñeco.

El doctor Horton opina que los adolescentes que tocan música estridente o empiezan a tomar drogas y alcohol en realidad están probando una vía diferente para conseguir el solaz mientras se dedican a construir las relaciones con sus amigos y a reestructurar las que tienen con su familia.

Tanto a los adultos como a los adolescentes los animales pueden procurarles algunos efectos saludables y tranquilizadores. Alan Beck, doctor en Ciencias, y Aaron Katcher, doctor en Medicina, informan en su libro *Between Pets and People* de que una de cada cinco personas que padecían una enfermedad cardíaca y no tenían animales de compañía moría. Quien tenía una mascota (un perro, un gato u otro animal que exija menos cuidados como un pez de colores en una pecera o acuario) presentaba un riesgo de fallecer un 3 por ciento más bajo. No parece una gran diferencia, pero cuando se traslada al número de personas que padecen enfermedades cardíacas, la cifra de las que salvan la vida asciende a treinta mil cada año.

Como soy un hombre religioso, opino que la relación con Dios es importante. No estoy muy seguro de que importe la forma en que cada cual establece su relación con Dios. Cada fe, quizá cada grupo religioso, tiene sus propias creencias, igual que yo tengo las mías. Cualquiera de ellas puede ser la correcta. Estoy convencido de que quien da amor, está dispuesto a ofrecerse al prójimo y a escuchar ayuda a los demás a establecer la relación adecuada con el Señor. Creo que usted y Dios forman una comunidad que le sostiene en los momentos inevitables de soledad.

Incluso si no es usted creyente, debe confiar en las relaciones con los demás. Nos necesitamos unos a otros, y cuando compartimos la vida con los demás su calidad y en muchos casos su cantidad aumentan de manera notable.

Muchas personas amplían su capacidad de encontrar la paz a través de la meditación, el yoga, la terapia regresiva o las técnicas de relajación. Sin embargo, cualquiera de estos métodos debe formar parte de un estilo de vida que incluya la interacción social. Sin ésta, todo cuanto hagamos por mantener o mejorar de la salud será mucho menos eficaz.

Por último, y quizá esto le parezca una reacción en contra de la tecnología moderna, ¡salga de Internet y viva la vida real!

El mayor peligro para nuestra salud emocional es que cada vez recurrimos más a los ordenadores como vehículo de ocio e interacción social. Jugamos con ellos; buscamos en Internet todo cuanto nos interesa, desde jardinería hasta pornografía; entramos en habitaciones virtuales para conversar y hacer amigos cibernéticos que se preocupan por nosotros, nuestros problemas y están ahí cuando los necesitamos. Muchos de estos ciberamigos se preocupan sinceramente, si tenemos en cuenta el tiempo que dedican a contestarnos.

En la oficina enviamos mensajes por correo electrónico en lugar de salir de nuestro cubículo y acercarnos a los demás para compartir con ellos nuestras ideas. Y es que el correo electrónico es tan sencillo y rápido. De hecho, muchos padres de estudiantes ven que el centro escolar les contesta antes si envían un mensaje por este medio.

Y luego están los cibercafés, que son una nueva modalidad de cafeterías. Pueden tener terminales informáticos o puertos a los que conectar el propio ordenador portátil, o ambas cosas. Se puede tomar un café y dulces mientras se busca algo en Internet. A veces, si se siente atraído por alguien del local, puede enviarle un mensaje vía correo electrónico.

¡Qué maravilloso es este nuevo mundo! Entonces ¿por qué no lo pasamos bien?

Algunos estudios demuestran que quienes utilizan en exceso los ordenadores son propensos a la depresión y a tener sistemas inmunológicos menos sanos.

Parte del problema se debe a la falta de luz de espectro completo. Por la noche trabajamos con el ordenador bajo el resplandor de la pantalla como única iluminación. Incluso durante el día no nos damos cuenta de la poca luz que recibimos. Si usa el ordenador en una habitación bien iluminada (lo ideal son las bombillas de espectro completo), su salud emocional será mucho mejor. Dado que la salud emocional afecta al sistema inmunológico, esta simple medida puede salvarle la vida. Sin embargo, no es más que una parte del problema.

Un ordenador no es un amigo; puede convertirse en la mejor garantía de una calidad de vida pobre unida a una existencia corta.

Los seres humanos estamos hechos para la interacción física. La voz afecta a la química de nuestro cuerpo. Nos relajamos al oír una voz que tiene el tono y la inflexión adecuados. Un buen cantante puede interpretar una balada de tal modo que nos haga estremecer. Un buen cantante puede hacernos llorar, reír y ayudarnos a recuperar la paz.

Lo mismo sucede cuando conversamos. Ello explica por qué los enamorados suelen decir que supieron que habían encontrado a la pareja ideal después de pasar toda la noche hablando con la persona en cuestión.

Del mismo modo una voz inapropiada (ya sea porque pertenece a alguien que no nos gusta o porque expresa ira) puede incitarnos a la disputa o a la huida. Experimentamos una subida de adrenalina que al final nos dejará hambrientos y exhaustos. Con el paso del tiempo, la reiteración de esta clase de experiencia debilita nuestro sistema inmunológico.

Los seres humanos necesitamos el contacto físico. Abrazar a alguien a quien amamos produce una bajada de la presión arterial, menor cantidad de latidos cardíacos y respiraciones más largas, así como una actitud más calmada y feliz. Lo mismo sucede cuando nos tocan.

La terapia del tacto, que se enseña en numerosas escuelas de cuidados médicos, suscita una serie de cuestiones. Se basa en la idea de que, cuando se toca una zona dañada del cuerpo moviendo las manos de una manera determinada, la curación se acelera. Sin embargo, existen discrepancias al respecto. Una adolescente llevó a cabo un experimento y descubrió que tocar una zona infectada del cuerpo no modificaba en absoluto la curación. En cambio muchos profesionales de la salud han constatado que el tacto terapéutico acelera la recuperación. Por desgracia, aún no se han efectuado estudios científicos que permitan aclarar la cuestión.

En todo caso es indudable que el contacto físico ayuda a fortalecer el sistema inmunológico. Muchas personas con una dolencia grave son, o se consideran, marginadas de la sociedad. Algunas padecen el sida, enfermedad temida y despreciada porque la gente cree que su contagio dice poco a favor de la moral de la persona. Otras sufren males que les cambian la vida de manera drástica, que les impiden realizar actividades que antes les servían para convalidar su valía, o al menos eso creían. Por ejemplo, quien deba abandonar un puesto directivo debido a una afección cardíaca grave se queda de pronto sin contacto humano, sin nadie que evalúe su trabajo, sin medio de legitimar su valía personal. En ocasiones las personas hospitalizadas apenas reciben visitas, por lo que pasan la mayor parte del tiempo solas. Sea cual sea el motivo, ese aislamiento produce una depresión que puede ser contrarrestada con abrazos y caricias, es decir, con la atención física que da a entender que hay alguien que les quiere.

El personal de los centros que atienden a enfermos en fase terminal es muy consciente de esta necesidad. Por este motivo les abrazan, les tocan, les acarician la frente, les sostienen la mano, les escuchan. De este modo consiguen que la calidad de vida del paciente mejore de manera notoria, aunque su muerte siga siendo inminente. Como consecuencia, cuando fallecen, el fin llega más fácilmente, pues han alcanzado un estado de paz emocional.

Nuestros cuerpos no necesitan relaciones virtuales. No nos hacen falta los ciberamigos, el cibersexo ni las ciberguías. En cambio sí necesitamos la interacción social. Necesitamos amor real, amigos con quienes establezcamos contacto físico, compañeros de trabajo o clase con los que pasemos buenos ratos tanto dentro como fuera de la oficina o el aula. Internet y otros recursos informáticos nos ofrecen algo muy valioso, pero si para entablar lo que usted llamaría una amistad debe pasar por el monitor del ordenador, su salud está en peligro.

5. *Los suplementos*. Hay algo que asusta cuando se entra por primera vez en una tienda de dietética. Todo comercio que se precie de estar bien provisto ofrece estantes y más estantes de botes de vitaminas, minerales, lo-

ciones, pociones, alimentos orgánicos, bebidas... La lista de productos parece interminable. Lo peor es que descubrirá que un mismo artículo tiene distintos precios según la marca. ¿Cómo escoger?

Además, al mirar alrededor y escuchar con disimulo a los otros clientes se dará cuenta de que todo lo que allí se vende tiene un propósito determinado. Todo es bueno para usted, bueno para sus dolencias. (O quizá es bueno para lo que podría convertirse en una dolencia si no tomara ese producto.)

Para añadir más confusión, los médicos y otras personas que aplican terapias naturales recomiendan una pauta de suplementos vitamínicos o minerales que incluyen productos tan diversos que uno empieza a temer que quizá padezca una enfermedad terminal. Su día se organiza en función de qué vitamina o mineral debe tomar y cuándo ha de hacerlo. Tiene que tomar unos suplementos en el desayuno, otros en la comida y otros en la cena. Hay suplementos que puede llevar en el bolsillo o en la cartera, y otros que guarda en la mesa de la oficina por si le sobreviene un ataque inesperado de estrés.

Así pues, ¿qué puede usted hacer? Tomar los suplementos y aplicar el sentido común.

En primer lugar, ingiera un suplemento polivitamínico cada día. Asegúrese de que sea lo más completo posible, que contenga tanto vitaminas como minerales. Para comprobar si lo es, mire qué cantidad de vitaminas del complejo B tiene. Lo ideal es un comprimido que, además de varias vitaminas y minerales, cuente con al menos 50 miligramos o microgramos de cada una de las vitaminas del complejo B. Es algo sencillo de hacer, no es caro y ofrece buena protección.

En segundo lugar, tome ajo Kyolic. El ajo es bueno para usted si puede digerirlo bien. De lo contrario, use el Kyolic, que es ideal para casi todo el mundo y tiene la ventaja de no producir mal olor.

Tome las hierbas que le he comentado, sobre todo la planta de la cebada y el trigo. Consulte el capítulo dedicado a ellas para recordar lo que debe tener en cuenta a la hora de comprarlas.

Debe tomar dos antioxidantes: las vitaminas C y E. La dosis correspondiente a cada una varía según el estrés a que esté sometido, pero le recomiendo tomar un mínimo de 2.000 a 5.000 miligramos (es decir, entre 2 y 5 gramos) de vitamina C y entre 400 y 1.200 unidades de vitamina E cada día.

Este amplio margen para la dosis de la vitamina E puede resultar extraño, pero en este momento no sabemos mucho al respecto. Algunos estudios recomiendan 400 unidades, como mínimo, lo que parece adecuado para mucha gente. Sin embargo, sabemos que los hombres necesitan más vitamina E que las mujeres, y que la cantidad necesaria en cada caso depende de la complexión física. Otros estudios indican que una dosis de 1.200 unidades de vitamina E es demasiado baja. Yo recomiendo tomar entre 800 y 1.200 unidades cada día.

Con el fin de mejorar los efectos de las vitaminas C y E compleméntelas con 200 microgramos de selenio al día, sustancia que quizá ya se encuentre en sus comprimidos multivitamínicos. Pruebe también el ácido lipoico alfa, cuyo funcionamiento acaba de descubrirse. Esta sustancia y el selenio conservan tanto la vitamina C como la E y les permiten cumplir su misión. La cantidad diaria adecuada de ácido lipoico alfa es entre 50 y 250 miligramos. Yo tomo una dosis más elevada, pero muchos estudios indican que 50 miligramos es la cantidad mínima efectiva.

Además de todo esto recomiendo tomar sólo otros dos suplementos: melatonina, para todos aquellos que hayan cumplido ya los cuarenta, y sólo a los hombres mayores de esta edad les aconsejo una sustancia llamada licopina. La licopina se encuentra en el pigmento rojo de los tomates y desempeña un importante papel en la prevención del cáncer de próstata. Ni el calor ni el frío la destruyen, de manera que si ingiere grandes cantidades de productos que contengan tomate, o si bebe dos vasos grandes de zumo de esta hortaliza cada día, la obtendrá de forma natural.

Unos ingenieros agrícolas israelíes han desarrollado un tomate natural que contiene cinco veces más cantidad de licopina que los normales. Lo han llamado Lycomato. Puede obtenerse un extracto de oleorresina del Lycomato en algunas fórmulas empleadas como antioxidantes o medicamentos para prevenir los problemas de próstata. Se recomienda tomar una dosis diaria de 5 a 10 miligramos.

Y COMO CONCLUSIÓN...

Me gustaría despedirme de usted con un mensaje sencillo y saludable, del estilo de los que daban a mis padres y ellos me dieron a mí cuando estaba en edad de crecimiento. Es éste: espero que coma bien, beba mucho líquido, tome aire fresco cada día y no olvide disfrutar de un buen sueño cada noche.

Este consejo es la piedra angular de la buena salud. En una comunidad ideal, es decir, en la que el sentido común prevalece sobre el ansia de poseer, la credulidad o el resto de cosas negativas que añadimos a nuestra vida y nuestro planeta, bastaría sólo con esto. Y usted no necesitaría este libro. Por desgracia, no creo que existan poblaciones como la que describo. Si existiera alguna, me trasladaría allí y fomentaría un estilo de vida saludable en tal paraíso.

La triste realidad es que nosotros mismos lo hemos destrozado. Hemos nacido con el don de un cerebro y un cuerpo para cuidar la tierra. Sabemos cultivar todas las plantas que necesitamos e identificar las que nos sirven como remedios naturales. Modificamos los cauces fluviales apartándolos cientos de kilómetros de su recorrido natural para abastecer de agua a las zonas más secas. Sabemos criar el ganado, mejorar los suelos y transportar carne y productos alimentarios a miles de kilómetros de distancia de manera que la gente puede levantar ciudades en territorios yermos. Sin embargo, en lugar de sentirnos satisfechos con la abundancia que nos rodea, damos muchas cosas por hechas y usamos lo demás con ansia.

Movidos por la ignorancia y la prepotencia vertimos residuos tóxicos al océano creyendo que la extensión de agua era tan inmensa que aquéllos desaparecerían. Contaminamos el cielo creyendo que su capacidad era ilimitada, y agotamos la cadena alimenticia creyendo que los recursos jamás se acabarían. Estos excesos han desembocado en la destrucción de un sistema cuyo equilibrio era más frágil e interdependiente de lo que suponíamos.

En la actualidad nuestro planeta parece hallarse en una situación de recuperación potencial. Existe la esperanza de que el futuro será mejor que el presente si hacemos buen uso de nuestros conocimientos y abandonamos nuestra actitud acaparadora. Sin embargo, en cuanto al futuro más próximo he de admitir que el consejo de la generación de mis padres resulta hoy incompleto.

Todos necesitamos los remedios naturales que se comentan en este libro. Necesitamos suplementos y cambios en nuestro estilo de vida para evitar muchas de las enfermedades que se han mencionado en estas páginas. Todos tenemos que reconocer que hemos fracasado como cuidadores de la Creación. Aunque parezca que podemos redimirnos a través del cambio, harán falta al menos dos o tres generaciones para que sea efectivo.

Como consecuencia, le dejo con los conocimientos que he

recabado gracias a mi trabajo como médico, estudiante de los remedios naturales e investigador de los estudios de otros colegas. Le ruego que me escriba a la dirección de la editorial para contarme cómo le va. Usted me interesa y me importa.

APÉNDICE

Dado que la terapia de bioxidación presenta muchos aspectos importantes, le será de gran valor la siguiente información adicional.

La mayor parte de la investigación y aplicación de las técnicas relacionadas con el ozono se ha desarrollado en Europa, Rusia y, recientemente, Cuba. Uno de los textos más consultados al principio fue el libro *The Use of Ozone in Medicine*, escrito por Siegfried Rilling y Renate Viebahn, doctores en Medicina, y editado por Haug Publishers (Heidelberg, 1983). Se han publicado más de mil artículos en revistas médicas desde 1930, fecha en que empezó a tomarse en serio el uso del ozono. Como la Sociedad Médica para el Ozono tiene sedes en Alemania, Austria, Italia y Suiza, y trabaja en estrecha colaboración con el Centro Nacional de Investigación Científica de Cuba, los informes han aparecido siempre en alemán y, en menor medida, en ruso y español. Los investigadores estadounidenses apenas se han interesado por esta cuestión, a pesar de que estudios serios sobre estas terapias ofrecen resultados que avalan su eficacia. En consecuencia, la mayor parte de las publicaciones sobre este tema proviene de científicos no estadounidenses (por ejemplo, el artículo escrito por A. C. Baggs, doctor en Medicina, publicado en la *Canadian Medical Association*

Journal y titulado «Are Worry-Free Transfusions Just a Whiff of Ozone Away?» [1 de abril de 1993]). De todos modos han salido a la luz trabajos escritos por norteamericanos que han seguido los experimentos de médicos de otros países, como es el caso del artículo «Update Cuba: On the Road to a Family Medicine Nation», de Margaret Gilpin, publicado en la revista estadounidense *Journal of Public Health Policy* (vol. 12, n.° 1 [primavera de 1991]).

Inyección intramuscular. En la actualidad este procedimiento se usa sobre todo en Europa. Es un tratamiento muy extendido para combatir alergias y enfermedades inflamatorias como la artritis. A veces se aplica también en combinación con terapias contra el cáncer más tradicionales (pero nunca como sustituto de esos tratamientos tradicionales).

Insuflación rectal. Se considera que fueron un cirujano alemán, el doctor Erwin Payr, y un médico francés, el doctor O. Aubourg, los primeros que emplearon la insuflación rectal como técnica médica. Estos dos hombres aplicaron el gas ozono por esta vía para el tratamiento de las colitis mucosas y las fístulas. Esto ocurrió en los años treinta. Una década después, el doctor Payr empezó a inyectar ozono por vía intravenosa en pacientes con enfermedades circulatorias. Hoy se usa con mucha frecuencia en Cuba, Alemania y Rusia. Algunos estadounidenses que padecen cáncer y otras enfermedades relacionadas con el sistema inmunológico han probado por su cuenta esta técnica.

Bolsas de ozono. El doctor Gerard V. Sunnen informó sobre este y otros procedimientos en el ejemplar de otoño de 1988 de la *Journal of Advancement in Medicine* (n.° 3), en un artículo titulado «Ozone in Medicine: Overview and Future Direction». El doctor Sunnen descubrió que cuando la piel absorbe el ozono, éste logra penetrar en los capilares lo suficiente como para elevar la presión del oxígeno de la sangre. Se cree que esto influye en la bioquímica del cuerpo.

Fraccionamiento. Bastantes médicos europeos consideran satisfactorio este tratamiento. Se conoce con el nombre técnico de inmunoterapia autohomóloga y se aplica desde hace poco. Lo desarrolló en los años ochenta el doctor alemán Horst Kief, y su empleo está prohibido en Estados Unidos. Su aplicación en Europa no ha presentado efectos secundarios, al menos que yo sepa. Se usa sobre todo en infecciones crónicas, asma bronquial, reuma en las articulaciones e incluso el cáncer. Se está estudiando su empleo en el tratamiento contra la cirrosis, enfermedades relacionadas con el virus de la inmunodeficiencia humana y otras. La fuente principal de información es la monografía del propio Horst Kief *The Autohomologous Inmune Therapy* (ed. Kief Clinic, Ludwigshafen, 1992).

Ozono y aceite. Este tratamiento es muy seguro porque se aplica como un bálsamo. Se desarrolló en Cuba para tratar gran variedad de afecciones de la piel y provocadas por hongos, incluidos la úlcera de decúbito, el herpes simple, las picaduras de mosquitos, el pie de atleta, las úlceras en las piernas, el acné y otros problemas similares.

Inyección intraarticular. Es una terapia muy común en los tres países que se han interesado por el uso del ozono con fines médicos: Alemania, Cuba y Rusia. Se emplea en el tratamiento de enfermedades de las articulaciones, como la artritis.

Agua ozonada. Algunos dentistas la han usado como desinfectante en ciertas operaciones bucales. La técnica es sencilla: se deja que el gas ozono bulla en agua y se lava la zona que se quiera tratar con el líquido resultante. Además de su aplicación dental, se ha empleado para limpiar algunas heridas e infecciones epidérmicas.

Los médicos rusos han utilizado agua esterilizada ozonada como irrigador durante las operaciones quirúrgicas, y tanto médicos rusos como cubanos han probado su aplicación en casos de úlceras, diarrea, colitis ulcerosa y trastornos intestinales similares.

Autohemoterapia. Es la terapia de ozono más común en el mundo. En una cantidad determinada de sangre del paciente se hace borbotear una combinación de ozono y oxígeno, y luego la sangre ozonada/oxigenada se transfunde al enfermo. La autohemoterapia mayor implica extraer entre 50 y 100 mililitros de sangre para el tratamiento, después de lo cual se inyectan en una vena. Para la autohemoterapia menor por lo general no se extraen más de 10 mililitros de sangre, que luego se transfunde por vía intramuscular. La idea es utilizar la química del propio paciente para crear una autovacuna.

Actualmente esta técnica se emplea en Cuba en combinación con tratamientos contra la artritis, el cáncer, las enfermedades cardíacas, el herpes y la infección por el virus de la inmunodeficiencia humana. En otros países como Rusia los médicos la utilizan en una amplia gama de afecciones. Su inocuidad queda demostrada por la ausencia de informaciones sobre reacciones adversas en las publicaciones médicas.

LOS REMEDIOS PELIGROSOS

Los médicos suelen discutir sobre el valor de la investigación médica internacional. Cada país tiene sus criterios para evaluar el resultado de las pruebas. Los de algunos son cuando menos tan estrictos como los que se aplican en Estados Unidos, tanto en lo referente a la investigación sobre fármacos antes de su comercialización como en el desarrollo de tratamientos para diferentes enfermedades. Durante años hubo en Estados Unidos un escándalo latente porque medicamentos eficaces que habían sido probados en países con criterios de evaluación tanto o más rigurosos que los estadounidenses sólo podían usarse después de ser sometidos durante siete años a diversas pruebas. En la actualidad se han producido muchos cambios, algunos forzados por epidemias como la del virus de la inmunodeficiencia humana. Al mismo tiempo, el uso de Internet ha permitido que sujetos muy enfermos, así como otros que no confían en la medicina contemporánea (por muchos éxitos que haya logrado), accedieran a una vasta información médica. Por desgracia, al menos ciertos datos que allí aparecen están atrasados o son potencialmente peligrosos.

Los procedimientos que cabrían en la lista de terapias peligrosas (inyección en vena o arteria, e inhalación de ozono) aparecen así en libros de fácil acceso por Internet y otros sitios. Lo que no se dice tanto es que dichas terapias se han aplicado lo suficiente para que los médicos reconozcan que no se pueden controlar de manera eficaz. Incluso el médico más experto puede tener una inaceptable tasa de errores cuando las aplica. Las menciono aquí porque quizá usted haya leído algo de ellas en algún sitio. No las reseño como técnicas recomendables. Los médicos de los países que las han empleado (Rusia, Alemania, Cuba y otros) comienzan a abandonarlas. Y son precisamente los países con una historia más larga tanto en experimentación como en utilización exitosa.

ÍNDICE ALFABÉTICO DE ENFERMEDADES, DOLENCIAS Y TRASTORNOS

ESTE LIBRO HA SIDO IMPRESO
EN LOS TALLERES DE
LIMPERGRAF. MOGODA, 29
BARBERÀ DEL VALLÈS (BARCELONA)